用對的方法充實自己，
讓人生變得更美好！

凱信企管

用對的方法充實自己，
讓人生變得更美好！

勇氣 × 選擇

人生自由加速器

做保險不是我們的志願，
但我們因保險加速贏得自由人生！

推薦序

豐富人生，攀登高峰

（陳志瑋／淡江大學公共行政學系系主任）

這是一本講述一個叫做「富登」通訊處和該處保險從業人員的書，在怡潔經理的帶領下，這個團隊從無到有，形成一個真正共好的組織文化。在富登的故事中，我們不但看到大夥兒彼此成就豐富人生，相偕攀登高峰，我們更看到組織形成過程可能面臨的問題與挫折，以及團隊文化和核心價值對一個組織發展的重要。

怡潔經理是這本書的最佳女主角，她常掛在口中的「以終為始」，如今也是我期許系上學生應將其做為生涯規劃的指導原則。此外，這本書還有許多精彩篇章，構成各自獨立又彼此交織，總能發人深省又激勵人心的人生故事。例如：書中的一位作者－王浥芸小姐，她慶幸因為有人生的不完美，才能一路堅持讓自己成為更好的人……這不就是我們不斷在找尋的生活意義嗎？

在課堂上，我有許多機會和大學生分享人生或職場上的想法。看了這本書之後，就以其中幾個很有感觸的地方，也和讀者們分享，期待讀者們和我一樣有所收穫。

- **將挑戰當成動詞**

將挑戰當成名詞，它似乎變成一種被動要面對的困難；但將它當作動詞，就有積極主動的意味。它展現的是人的企圖心和意志力，最後我們才能享受克服難關後的甜美果實。

人生，也是如此。

- **先做應該的事，才能做喜歡的事**

「別急著吃棉花糖」是一個著名實驗帶給我們的啟示，我們從小到大就已經肩負許多義務和責任，因此我們無時無刻不在「為所應為」和「為所欲為」之間擺盪與權衡。年紀愈大，我們愈能體會為所應為之後，更有資源和餘裕為所欲為，否則心理壓力或物質限制，可能讓我們在悔不當初的心情中度過。

人生，就是如此。

- **永懷感恩**

「感恩」是富登團隊的核心價值之一，而且我從怡潔經理看到她是多麼地身體力行。除了每年固定捐贈獎學金和急難救助金給我們系上的學弟妹，而且只要時間允許，她必定親自出席獎學金頒獎典禮，或在課堂上分享她的經驗。她期許自己的學弟妹：「未來要當個手心向下的人回饋社會！」這就是讓愛傳出去的正向循環。

人生，該是如此。

認識怡潔經理以來，無論是實際的互動相處，或從這本書傳達出來的想法，都可以感受到怡潔經理是個溫暖、熱情又富有行動力的人。我從她身上，也從這本書學到許多，能夠獲邀為本書寫推薦序，真的令人倍感榮幸。這本書讓我們看到保險行業的酸甜苦辣，也見證了它和其他百工百業一樣有其價值，並為我們這個社會所需。

沖一杯咖啡，我們好好享受這本書的人生故事吧！

推薦序

堅定信念，人生沒有不可能！

（蕭彤雯／全方位媒體人＆知名新聞主播）

世界上沒有不辛苦的工作！例如：像我從事的新聞業，真的很辛苦！不過在認識了怡潔之後，保險業也榮登我心目中「辛苦工作排行榜」的前幾名。不同的是：許多辛苦的工作，付出與收穫不見得成正比。但怡潔讓我看到：只要願意比別人付出更多，就會比別人收穫更多！除了她熱情堅定的個人特質，這當然也跟保險業的特殊屬性相關。

我是在保險從業人員還會被戲謔稱為「拉保險的」那個年代，就認識怡潔了。二十五歲時因為人情壓力，我跟同事太太買了人生第一份醫療保險，沒想到隔年就變成「保單孤兒」：因為同事跟太太離婚，他老婆就不幹了……之後幾年這份保單有跟沒有一樣，我根本不知道自己有哪些保障？某次跟前 ING 人壽公關聊天時提到我這滿腹哀怨，她立刻說要介紹一位很棒的業務員給我。當時我心想：「我的保單又不是跟她買的，換言之：她沒從我這裡賺到錢，怎麼會認真幫我？」後來我發現自己真的多慮了！這人就是陳怡潔。

當時才二十多歲的怡潔，重新幫我審視原有保單並補上不足之處。我是個很重「感覺」的人，例如：一間再有名再好吃的餐廳，若服務態度高傲，我是打死不會再去第二次。而在怡潔為我服務的過程中，我看見她最難能可貴的特質:善良與熱情;另一個重點是：她讓我感受到她對保險工作是真正的認同與熱愛！

這點非常重要！如果只是為了賺錢，當發現有「更好賺」的工作（或發現這行怎麼「這麼難賺」）時，這人很容易就會放棄。但怡潔打從心底認同：「保險是助人一生的志業」（這與她從小的生活經歷有很大的關係），所以當遇到挫折困難，她能很快的調適自己、重新出發，因為她深信自己從事的是很棒很棒的工作。

其實這就是所謂的「利他」。聽起來好像很偉大，但其本質就該融在我們的生活與工作中。當你深信自己做的事是有意義的、是能幫助他人變得更好的，這份利他的事業，不僅能帶給你實質上的收入，更能讓你擁有無比的成就感，這也是人生中最重要的元素之一。

在怡潔接下我的保單後，她就成為我與家人最信賴的保險顧問，包括我的父母、先生、小孩，全家的保單規劃都出自她之手，並將她引薦給我的朋友們。因為我確信：這份工作她會一直做下去；說不定等我當阿嬤時，我孫子的保單也會是她規劃的（笑）。

如何從一個小小的保險業務員，成為處經理、帶領 100 人的團隊，且屢創團隊佳績？身為怡潔的保戶與好友，我始終認為她的**成功就是一步一腳印，憑藉正確的觀念與堅定的信念，朝自己的目標邁進**。她的分享很值得年輕朋友一看，尤其如果你也覺得自己沒有任何背景、沒有家族支援，好像也沒有一個撐得上是專業的技能，你更應該看看怡潔的故事。她會讓你知道，在保險業成功，從來就不是件不可能的事。

目錄

富邦人壽富登通訊處／About 簡介

2016 年 9 月 成立富富士林分處
2019 年 4 月正式成立富登通訊處

從 1 人到 60 人的歷程！

沒有任何工作背景的我，因為喜愛結交朋友和樂意幫助朋友的個性，讓我一腳踏進這一個有高度挑戰的金融壽險業。原本只給自己二年時間嘗試和努力，但因為從理賠看見保險價值，讓我堅持到目前的 23 年年資；同時，熱愛分享和行銷的我，用國際獎項和富邦人壽大大小小的獎項寫日記，用一座一座的獎牌記錄我的熱情。

演而優則導，傳承自己的經驗給想要成功的年輕人。在 2016 年成立富富士林分處，用二年半時間成立富登通訊處；2020 疫情期間的這一年，基於同理心立場，與客戶站在同一線，守護客線權益，讓我們在富邦人壽 350 個通訊處裡，富登達成全國第四名的通訊處佳績！現在，我們繼續往百人通訊處邁進，協助夥伴相信自己、堅持到底，看見未來更好的自己！

（富登通訊處處經理 陳怡潔 撰文）

富登故事：

1 我們不是富二代，我們自成富一代

富登故事：我們不是富二代，我們自成富一代

人生自己作主

大部分的人在畢業之後，選擇的工作大都是以安全、收入穩定或是內勤工作為優先條件；甚至很多父母期望孩子的工作也是如此，因為孩子工作穩定，就不擔心會回家借錢或當啃老族。但是通常收入穩定的工作，頭上都會頂著一個透明的天花板，無論是職位升遷或是薪水調漲，都要排隊等待。

你願意等個 10 年嗎？

通貨膨脹不斷在漲，從之前的 SARS、金融海嘯，到現在的 Covid-19，老闆們永遠都有理由，讓薪水凍漲。且看這

次疫情，不僅改變了消費者的消費模式，更讓許多產業業績下滑，旅遊業、飯店業等高階主管紛紛被優退和資遣……若你是35歲，尚有體力可以重新開始，但如果你已經50歲了，那又該如何重新出發？

唯有離開那一片壓著你的透明天花板，跳脫思考窠臼、擺脫年齡緊箍咒，拿回人生自主權。

所以，我選擇做業務！

業務工作幾乎每天都會遇到許多不同的挫折，客戶更是百百款，不僅可以鍛鍊自己的抗壓性、受挫力，更可以增加人脈和溝通技巧；每天會遇到的事情也不一樣，在無形中，更是訓練應變能力和情緒管理的最佳途徑……這些軟實力，正是現今在職場上最需要的生存力。

當你準備好了這樣的心理素質，接下來，產業的選擇也很重要！

「什麼產業客戶層是沒有受限，每一個人都需要的呢？」

答案是：「保險業！」

沒錯，「保險」是一個從0歲～84歲都適合、都可以投保的商品！於是，大學一畢業，我義無反顧的投入保險業務的工作。

業務要做得好、業績要強，有三個重要關鍵：見人就是要腳勤、客戶的年齡層要廣、客戶回購率要多，這樣才有機會從廣耕到深耕，才有機會累積，而不是天天都要做業績。另外，保險的業務工作和其他工作的業務有很大的不同。保險商品並非顯性需求，通常當你開始覺得重要和有需求時，大都會被保險公司拒保，因為保險是一種「防患未然」的隱性存在；保險需要有專業的業務人員，激發需求，協助客戶發現問題，找到適合的解決方法，才能讓客戶開心地購買，甚至當未來有新的需求時，再找同一位業務來服務……這些人脈都是自己一步一腳印開發來的。和客戶從陌生到熟識，從熟識到好朋友，甚至家人不知道的事，保險業務員都一清二楚，**保險業容易從事長久最重要的原因：是做累積而不是永遠做業績**，這些也都是我一直熱愛銷售的原因。

保險業務工作，讓我看盡社會寫實的一面，也讓我把自己人生的風險規劃完整，以及未來的退休生活……這些**我在 23 歲就開始進行了，如今每個月也有被動收入，工作心情很踏實，感覺很不一樣**。現在回頭看看，我慶幸自己當時的決定！**我願意晚點吃棉花糖，讓 50 歲的我，謝謝 30 歲的自己**。你願意嗎？

第一場戰役—富富士林分處正式成立

一路從保險業務坐到業務經理這個位置，已經 18 年了；業務經理位置也坐了 8 年，帶領團隊人數一直在 10 位上下，個人業績也還不錯，整年的薪水比一位處經理的平均薪資還高！在我的處經理蔡平富帶領下，我很喜歡他的領導風格，我不用扛責任，即使團隊業績沒有完成也不會被罵，我可以自由自在的過日子，因此從沒有想成立「屬於自己的通訊處」的動力。現在回頭來看，原來我的想法這麼不成熟！

日子一天一天過去，在還是 ING 的時代，想要成立通訊處實在不容易，十年內，只有二個單位用 100 人完成成處的標準；但是從 ING 和富邦合併的那一刻起，短短五年時間，已經有 30 位新科處經理，重點是：其中很多位還都是我的學弟學妹啊！我打從心底佩服他們的努力和企圖心，但是我還是不敢接受這個挑戰！

2013 年，因為達成公司高峰旅遊業績，來到了步調很慢的南法普羅旺斯。白天輕鬆地欣賞教堂和古蹟，但當夜晚酒足飯飽之後，就開始被二位處經理盤點團隊業績和人力……整整連續 7 天，沒有一天放過我；其中有一天還是我的生日呢！回到台灣之後，我立刻就乖乖的送上「處經理養成班」報名表。

經過了一年處經理養成班課程的訓練，這段時間我提升許多招募和輔導夥伴的方法，也結交許多優秀的經理人，和同樣目標的人一起學習，不斷被刺激和感染，自信心逐漸提升。

但，上完課後就能成立通訊處了嗎？

當然沒有這麼容易！

每次上課和被盤點，愈是發現自己的不足和必須改變的地方還很多，尤其在課程結束後的兩年時間裡，我的團隊人力還是一直上上下下，沒有達標。

有一天，聽到一個消息：「如果原本單位的人力不夠，但位置夠坐，那麼即使成立通訊處，也不會有自己的辦公室……」

這對我來說真是晴天霹靂！因為我一直很希望有自己的辦公室，這樣不僅可以逼自己快速成長，也能有屬於自己的團隊文化運作方式、有足夠的會議室可以使用……就是這些簡單的理由。

一個人轉彎很容易，但是一群人要轉彎便需要一個強而有力的理由！

因為要有一個 J.Power 的家，我們決定往公司新政策大無疆成立分處開始。從成處轉彎到成立分處，我們只用了短短的一個月時間就達標，再花了半年的時間找辦公室，最後終於在士林立足，成立「富富士林分處」。

自己當家後，才真是挑戰的開始！

當部隊打完一場戰役之後，最想做的就是「放鬆一下」！沒錯！但要知道，上緊發條已實屬不易，分處才一成立，便開始有人放鬆了，反正公司給我們二年時間成立單位，感覺時間還很長，不需急在一時……於是大家的進度開始慢下來了，尤其我們人力單薄，常常一個人當三個人用。漸漸地，負面聲音出現了。

（富富士林分處正式成立。）

由於沒有明確地訂立規則，團隊出現了比較和計較；我又是一個害怕衝突的人，萬事以和為貴，在沒有積極處理的狀態下，團隊產生很大的模糊空間，失去戰鬥力，也沒有急迫性的目標，夥伴們就只是這樣日復一日的來公司上班……眼看日子一天一天過去，這當中有新人加入團隊，當然也有舊人離開。

有一天，我接到公司通知：「富富士林只剩下半年時間必須成處，如果沒有完成，辦公室便要拱手讓給別人，回去

原本的富富單位。」

一想到要回原單位的畫面：人很多、位置很擠、會議室要用搶的……我心裡更是緊張！但是成立單位需要的指標很多，不是單靠我一人之力可以完成的。我心有餘而力不足，每天壓力破表。

有一天，我找所有的主管來開會，我問每一位主管：「現在我們往成處的業績比較沒有問題，但是人力落差很大，你們還願意一起拚嗎？」

放棄只要一下子，對於愛面子的我來說，是很難接受的！但我也認真地說服自己，反正我已經拚過了，若真不能成處，我就繼續當個快樂的區經理就好，起碼不用承擔這麼多壓力……當時一直安慰自己，甚至把最壞的狀況都想好了。

沒想到，當我問完所有的主管，意外的，我得到的答案竟是：「沒有一個人願意放棄！」那一刻，我真的被感動了！

既然目標一致了，就要義無反顧地往前衝！過去的團隊像火車，只有火車頭有動能，而現在的團隊是已有目的地的高鐵，每一個車廂都有動能，意即每一個小團隊都要扛起人力責任了，畢竟，成立通訊處若只靠分處經理，真的是難上加難啊！但我知道我不是一個人，滿載夢想的高鐵即將要啟動，並全速前進了。

放棄一秒鐘，堅持一輩子

「衝成處過程，有沒有想放棄的時候？」

「當然有啊！」

自己這麼熱愛行銷，帶人其實比自己做行銷還有更多意想不到的驚喜和驚嚇！有時候也難免會想：「目前的收入和位階都已經很滿意了，自己做業績比較快，為什麼還要『啞給』（台）再給自己找一個那麼大的難題？！」

人生是一連串的挑戰，因此我常會問自己：「挑戰是動詞還是名詞？」如果我把挑戰當成名詞，那就是一堆的難題和困難。看看很多比我資淺的學弟妹們，都一一成立通訊處了，他們可以，我應該也行吧！也就是這個不怕死的個性，讓我願意把挑戰當成動詞。

人就是這樣，當你願意接受一個挑戰後，就會開始想盡辦法，即使咬牙硬撐也要完成它。當然過程中絕對不會都是順遂的，中間一度一直卡關，那時候，我連東方的易經，求神問卜都去算了、西方的占星星盤也問了，最後還告訴我，我比較適合發展行銷，我應該要放棄成處的念頭……但是頭已經洗一半了，我實在不想放棄；再怎麼辛苦，也要撐過去！

在成處過程裡，「時間」是我最大的壓力！

日子一天天過去，每天早上的九點十五分，總是一天裡

我最難熬的時間！害怕有夥伴又睡過頭或是鬧鐘沒有響，遲到就又多了一位，然後很多的數字就都要重算。另外，當時對我而言，最害怕的不是公司給我的時間規定，而是媽媽身體狀況這顆「不定時炸彈」！媽媽中風已經第 11 年，身體時常處於發炎狀態，一嚴重就要住院，甚至還有病危通知……我擔心在我成處完成的這一天，媽媽看不到我的成就，這將會是我這輩子最大的遺憾！所以，我每一天都在跟時間賽跑，期待能早些實現成處目標。

（衝刺成處最後一哩路的 TP763。）

成處期限，開始倒數計時～～

有一天，增員組在開例行早會，增員組組長突然拿出好多紙箱分發給每一位夥伴，並交待要開始收拾自己的抽屜和位置上的文件、物品；也給了我一個大紙箱，叫我去辦公室收拾東西。這一刻，我們都哭了！因為沒有一個人想離開這

裡，這裡的牆面和一切，是我們每一位一點一滴打造出來的，有我們滿滿的回憶，沒有一個人想要放棄！但回到現實，此時此刻離截止期限，我們只剩下三個月的時間了，從招募人員，還要通過考照，然後上班不能遲到……每一個成處指標都不能漏掉，如何能在這僅剩的三個月裡達標？提早打包，也只是剛好而已。

受到增員組組長的刺激，喚起了大家的危機意識，大家開始分工合作。有些主管扛起召募人力的責任，有些主管和夥伴負責把業績完成，我就負責給獎勵和激勵士氣。終於在二年整的期限截止時，我們成處業績完成了，但是人力目標未達成，仍差 10 位……實在很擔心公司不再給我們任何機會。

在這個最後的關鍵時刻，我深深體會到人脈存摺的重要性！

舉例來說：過去營管區部邀請我去講課或擔任教練，雖然這些邀約都會占用到自己工作或休閒的時間，所以也可以選擇拒絕。但我的想法是：公司會邀請你代表你有價值，我願意接受這些挑戰和學習機會，因為成長最多的是自己；而且，「施比受更有福」。或許是因為這些過去的機緣累積，公司長官看見了我的努力與付出，最後願意再給我們半年的時間，同時，也有非常多的處經理伸出援手，願意幫忙站台、分享和組織發展的利器，這些種種都激勵了夥伴們。最後，我們用了 650 萬的業績及 56 位夥伴，完成了成處標準，於 2019 年 4 月正式成立富登通訊處（成處標準：420 萬，40 位夥伴），繼續往夢想前進一大步！

（富登成處之旅：苗栗。）　（富登全人日活動。）

團隊文化的建立與原則

成處並不是結束，而是下一個新階段的開始！

當我們 2019 年 4 月收到公司正式成立富登通訊處的公文時，全體夥伴都很感動，富登真的成立了！

我心裡想：「啊～我終於可以好好睡覺了；我好想放假呀！」

我問了主管群的意見。沒想到，大家竟都異口同聲的說：「當然要繼續拚啊！要趁勢而為。高鐵好不容易熱車了，動

力也有了，若一放鬆就會冷掉的，會很可惜。」當團隊想要更好時，我當然更要支持。於是，我放假兩天後，隨即趕回工作崗位。

五月～十二月也打下100%的責任額，開始建立團隊100%的習慣；隔年更是喊出高績效單位，創造追求百萬年薪的業務人生。

單位的責任額是每一位夥伴的事，更需要主管們願意以身作則。我們自己從小小業務員起家，當上主管的這一刻，往往要換一個腦袋；但此時，有些人反而會變成大頭症，永遠希望下面的夥伴聽你的，做完應該的活動量和業績，卻從不曾反過來問問自己：「有完成應該做得事情嗎？」在富登，我希望建立的習慣是：主管以身作則，把責任額完成，夥伴們才會願意跟上；因為在刮別人鬍子前，要把自己的先刮乾淨。

◎ 工作理念：辛苦一陣子，也不要辛苦一輩子

團隊文化的建立，是一件不容易的事；大家要有共識才能一起共事。

我一直認為：人生很長，不是只有工作而已。但是工作的表現決定了收入的高低，更可以讓未來有更多選擇權，無論是孩子的教育費、父母年老的看護費，甚至自己最重要的退休金……一切都是需要本錢；努力工作是必要條件，先做

應該的事，才能做喜歡的事。從事業務工作，前五年就是最辛苦打拚的時刻，但走過的每一天不會白走的，這個行業是積累很明顯的工作，例如：業務開發能力、自己人脈的累積以及行銷技巧的提升……這一切就像是倒吃甘蔗一樣，成功永遠是給堅持到最後的人。

◎ 生活型態：三分法，平衡的人生

據我長久觀察下來，夥伴們的時間分配就像賓士車標一樣，1/3 努力投入工作，專注於工作，才可以提升專業，取得客戶信任；1/3 投資自己，投資自己是一個最不虧本的事，更可以有預期的報酬率；1/3 留給自己和家人，家是永遠的避風港，父母總有年老的一天，「子欲養而親不待」是最遺憾的事。所以，我希望夥伴們每週能有一天和父母、家人一起晚餐，聽聽他們心中的話；陪伴，永遠是最棒的禮物！

◎ 建立規範：打仗與建國的不同

由於我是一個不喜歡衝突的人，萬事皆以和為貴，有話好好說，這是我的溝通原則；加上我是天秤座，很多事情都期待可以做到公平，所以在做分配時，希望面面俱到。但在遇到多次挫折後發現：人與生俱來就是不公平，你會生在哪一個家庭、會遇到什麼父母，從來都沒得選擇；即使再怎麼做，都真的難做到公平。於是我改變自己，放下「公平」這

個念頭，我勇敢說出真話、不怕衝突，將自己的立場表明清楚，把資源留給願意珍惜的人，因為，機會永遠是給準備好的人。同時，在這過程裡，我也體悟：雖然每個人在不同的起跑點，但是藉由「教育」，是有機會翻轉人生的；選擇沒有框架的業務工作，也是很好的翻轉人生機會。我自己以及身邊許多的主管，都是一個個活生生的例子。

雖然我是一個大家口中的好好老闆，但有時就是太好說話，造成政策搖擺，製造太多模糊地帶……帶領團隊上有許多的挫折與失誤。

在成立富登之後，我告訴大家：過去是在打「成處」的仗，所以許多的規則會因人而異的做調整和變動。但是成立通訊處後就是建國時期，要有建國法典，讓團隊有統一的標準規範，組織方能長久運行。在建立法規過程中，我以「合議制」的方式和核心主管進行多次的意見交流，最後訂出 12 條家規，爾後再發生衝突時，主管們也會主動提醒彼此按家規辦事。在如此良善的循環與約束之下，不僅各個夥伴對組織文化能有共同的認知，也讓組織更團結也更有向心力。

團隊的五大核心價值

帶領 10 個人和 50 個人真的很不一樣！每一個人都來自不一樣的家庭，也有不同的個性，甚至可能在過去的工作職場裡有自己的一片天……為什麼人家願意轉換跑道來這裡重新開始？這都是我在意也顧及的部分，因為不想辜負每一位來我這裡的人的期待。所以，我在招募團隊夥伴時，並不是以「找員工」的心態，而是抱著「尋千里馬」的想法，希望可以找到能成為股東的合作夥伴，因此了解彼此的事業理念及對未來的期待很重要，有了共識才能一起共事。

一直以來，我以五大核心價值：熱情、快樂、分享、感恩、團隊精神，帶領大家，期待創造一個有溫度的組織單位。

熱情：

熱情是在完成目標、夢想的過程中很重要的動力來源；因為熱情，遇到困難和打擊，才會願意再試一次，才能在一次又一次的失敗中，堅持下去，才有成功的機會。把愛找回來，把愛傳出去，因為從事壽險業務工作，才更有時間和過去的麻吉、同梯情誼再聯繫起來，才能再把所學分享出去。

快樂：

沒有人可以左右天氣，但是可以改變自己的心情。

當然，人不可能天天都快樂，但多和正面樂觀的人相處，

調整心情的速度也會變快；因為快樂，才可以長久。很多人說我有一種無可救藥的樂觀，這真的要感謝父母生給我一個容易快樂的天性！不快樂的事，為什麼要記住呢？樂在其中，才會樂此不疲。

分享：

在從前的教育裡，沒有告訴我分享的重要，反而害怕分享給別人後，就被同儕超越，所以「留一手」，時常出現在工作職場裡。但是當我來到安泰人壽這家外商公司上班後，我這個菜鳥，就一直接收學長姐們無私的分享，這也影響我日後很願意成為一位「手心向下」的人的原因。從學長姐的身上，我深深體會到「施比受有福」，所以，我也很願意將自己的所長，無私分享給學弟妹們；教學相長，往往願意分享的人，受益也會最多。也因為這樣的優良影響，富登創造出非常多位優秀的講師，在總公司和區部單位講課，繼續在台灣每一個角落發光發熱。

感恩：

「成功並非理所當然，要常懷感恩的心！」

一個人能走到現在，一定有很多貴人的相助，最要感恩的人是父母，沒有父母哪來現在的自己！富登每一年都會舉辦「感恩餐會」招待夥伴的爸爸媽媽一起遊玩一整天，讓父

母認識富登這個大家庭，也可以讓我有機會和夥伴的爸爸媽媽聊聊天。夥伴們努力的動力，往往來自完成父母的願望，有些夥伴的父母，努力工作了一輩子，捨不得出國玩樂，夥伴們便拚命的完成公司競賽獎勵，讓自己達標，能有資格招待父母出國；甚至有些夥伴們每月都給孝親費，讓父母可以提早退休享福……這些都是他們努力源源不絕的動力。

感謝除了幫助過我們的貴人，也包含給我們打擊的「逆境菩薩」。當下發生事情時，一定很挫折，但是天下發生的事必有其原因，事後去看待這些過往才發現，原來這些都是考驗，是為了讓我們更勇敢和堅強！

團隊精神：

一個人可以走得很快，一群人才可以走得很遠！想要親眼看見山上的美麗風景，勢必要自己努力爬上山頂。在攀爬的過程中，一定有疲累、有想放棄的念頭，但是當旁邊有扶手、有涼亭，就是最好的朋友。在團隊運作中，追求目標榮譽，一定要靠自己每日認真的跑，而團隊就是旁邊的扶手，它能讓你喘一口氣和幫你加油打氣；團隊好，個人才會好，富登的招牌需要每一位夥伴的守護。

這「五大核心價值」的堅持，不僅讓團隊的人心更凝聚，也真的如願的造就了「溫暖」的工作環境。有一件事至今讓我印象深刻……

（富登感恩餐會，帶父母和團隊出遊。）

2019 年，有一天媽媽的手腫起來，還高燒不退，醫生通知要住院。這當中因為反覆發炎，媽媽一入院就是 21 天。這一段時間，我幾乎都在醫院照顧媽媽，但因心中還是掛念著富登，所以偶而會抽空進去單位。

有一天週五，我進公司開早會，在會議中，值星艾樺突然放出一段我照顧媽媽的影片和文字，所有的夥伴一個一個幫我打氣，請我放心：「你不是一個人，我們都在，我們會把單位顧好，你好好照顧媽媽。」這一刻，我在台下爆哭，止不住的淚水，心中滿是感恩。我知道，我在發展組織過程中的辛苦煎熬，一切都值得了！

預見未來的富登

富登夥伴們，是一群單純良善、可愛又熱愛分享的團隊；富登就像是很多夥伴的第二個家，大家不分彼此、互相幫助。第一次來富登的朋友們，通常第一個印象是：這群人很熱鬧、很熱情，上班的氣氛很愉快。但是為了單位的競賽，要追求第一名時，每一位也都是全力以赴，拚到最後一刻；即使有人想放棄時，也會互相打氣。2021 年，雖然疫情來臨，打亂了許多業務員的步調，但我們知道病毒無所不在，更需要保險守護客戶；富登不僅創造了全國第四名的成績，也成為全台北市第一名的單位，這一切都是因為我們知道：「有福同享，有責任一起扛」，單位的榮譽是屬於每一位富登夥伴一起努力的成果。

富登夥伴平均年齡 28 歲，有些來自於銷售服務業，有些是餐飲業店長、服務生和廚師，也有些來自於醫護人員和醫美工作者；甚至有一群和我一樣，一畢業，就加入了業務行列。我們都沒有雄厚的背景，但都有一顆想成功的心，希望幫助自己和家人生活品質更好；我們的初衷就是幫助身邊的人提早提醒您們沒有想到的風險和理財規劃，幫助客戶們擔心的問題找到協助解決的方法……創造快樂和保持正能量，是我們一直努力的方向。

從 23 年前，我一個人來到壽險業，到現在 56 人成立通訊處，我的初心：「讓認識我的人，未來生活過得比現在更好！」未曾改變，未來，也會持續將這個使命延續下去，創造百人單位，並協助要當處經理的夥伴們成立富登子處，「當自己的主人，成為別人的貴人」。

全世界最公平的事:「每一個人的一天都只有24小時」。一個人的時間及能力有限，但是只要富登每一個人可以服務 50 個家庭，一年就可以關心到 5000 個家庭，雖然我們不是上帝，沒有辦法決定風險何時會來，但只要一切準備就緒、風險提早規劃好，心中就有安定的力量。抱持著這樣的信念，未來，富登將繼續散播正確保險小種子，讓台灣的土地上有更多的愛與包容。

2 風雨過後，必有彩虹

作者／About 簡介

陳怡潔

學歷

衛理女中畢業
淡江大學公共行政系畢業

現任

富邦人壽富登通訊處處經理
淡江大學公共行政系傑出校友
淡江大學公共行政系校友會理事

專業殊榮

1. MDRT 百萬圓桌頂尖會員（TOT）
2. MDRT 百萬圓桌終身會員
3. 國際龍獎 IDA 業務銀龍獎，主管銅龍獎
4. 中華民國壽險公會傑出業務人員

出版品

2016 年出版「高效經營」一書

國際演講

2016 華人壽險大會（澳門舉辦）分享會講師
2017 馬來西亞壽險大會（雲頂舉辦）大會講師

我是一位從公主變成灰姑娘，瞬間必須長大的孩子，以為人生可以照自己寫的劇本演出，但老天爺卻給了我許多考驗和「禮物」。
我始終相信，一切都是最好的安排！人生就像闖關一樣，關關難過關關過，沒有一天會白走，唯有用心經營當下，樂觀面對挑戰，永遠保持彈性，滿心期待每一天，風雨過後，才會有美好的彩虹！

風雨過後，必定有彩虹

一夜之間，從公主變成灰姑娘

我生自一個幸福美滿的家庭，一出生，便集眾人寵愛於一身。我永遠記得在小時候，有一天奶奶騎腳踏車載我去田裡玩，一個不小心，我受傷了，爸爸竟然沒有罵我不好好坐車，反而一直責怪奶奶沒有把我照顧好。我生活的世界就是與大多數人截然不同的世界，出門坐得是保時捷，衣服穿得是舶來品，玩具多到數不清……儼然就是一個公主的生活，只有無憂無慮的開心……但這樣的日子卻沒有開心太久。五歲時，爸爸的一場車禍改變了我的人生，公主一夜之間從天堂墜落艱苦凡間，變成了灰姑娘。

在一次爸爸出差去美國開發生意，平時都是爸爸自己開車，這一天突然換爸爸友人開車，一台沒有煞車的車從對面衝撞過來，不偏不倚的撞上了副駕駛座，爸爸當場就上了天堂，我和媽媽連跟爸爸說再見的機會都沒有……那時媽媽肚子裡還懷著妹妹，永遠見不到爸爸的妹妹。

從小都不敢承認沒有爸爸的我，只想當一個不想長大的女兒，只要作文題目是：「我的父親」，我就會逃避，晚上回家偷偷的哭；羨慕別人有爸爸接送、有事發生有爸爸可以出面扛……我也還好想當爸爸的公主。

漸漸長大後，我也慢慢習慣沒有爸爸的日子；也一直到大學後，才可以勇敢並自然的聊到我心中的父親：他是一位這麼愛媽媽的丈夫、這麼疼我的爸爸，雖然他陪我的時間這麼短，但最美的回憶都在我腦海裡，永遠不會忘記！現在偶而想起爸爸，我都知道，他一直在天上默默守護著我們。

（生活幸福美滿的時刻；我公主般的生活。）

在沒有任何心裡準備之下就失去最愛的人，原來是這麼讓人不安與恐懼！自爸爸突然離開之後，我開始沒有安全感、害怕失去。我出去玩，一定要準備得很完整，行李永遠滿滿一大箱；考試前即使一直努力背誦，還是很沒有信心；交男朋友容易焦慮，不斷電話關心，其實只是想知道對方在哪裡……這一切的一切都源自於沒自信、害怕失去，才會一直在追尋安全感，也因此常常委屈自己，一心只想成為對方想要的人……於是壓力愈來愈大，開始失去自己、不喜歡自己……直到自己的工作能力提升、被肯定的機會增加、經濟獨立之後，我才漸漸會懂得說出自己的感受，成為一位勇敢的女生。

我是一個會幫自己設定計畫的人，自從父親離開的那一刻，雖然當時我才五歲，很多事情都不懂事，但是我知道我還有一位妹妹，她更需要媽媽。所以，我開始學習自己洗澡、自己寫功課，遇到考試就好好唸書和補習……媽媽說，我一直是一個不用她擔心的孩子。其實我也好想依賴媽媽，但是我知道妹妹還很小，不希望媽媽煩心。一下子就被迫長大的我，開始自己的奇幻人生……我的獨立個性就這樣被訓練出來了。

我除了讀書會設定計畫，因為工作的關係，讓我更清楚設定目標的重要性！以終為始，我默默在心中許願：28 歲把自己嫁掉，要有一個百桌婚禮；30 歲生小孩，因為要有二人

世界；我要在婚前擁有自己的房子，因為不想和公婆住，也希望能住在自己設計的空間裡，所以我非常努力工作賺錢。

幸運的，所有一切都在我的掌握中；我在 35 歲前，一一實現了這些目標設定。26 歲，認識了當時的男友，兩人興趣相投，工作屬性也一樣，「一起努力工作、用力玩樂」就是我們兩人的最佳寫照；27 歲買下人生第一間 40 坪的全新房子，時常約三五好友或夥伴來家裡聚會。和男友穩定交往兩年後，如我計劃的在 28 歲結婚了，舉辦了二場宴客共 83 桌的喜宴，我是一位美麗又幸福的新娘子。這一年，除了去加拿大度蜜月，我也努力工作讓公司招待出國二次；同時，在 29 歲那一年，準備要去日本泡湯旅遊的前夕，得知自己有好消息了，我懷孕了！ 30 歲，順利的生下一個可愛的胖寶寶。截至目前為止，我的人生都照著我編寫的劇本走，這一切都是如此的美好和順遂，更讓我體認：「**計劃不一定會成功，但成功都是需要計劃的。**」

風險和明天哪一個先來？

我已經沒有父親了，母親對我而言便更加重要！我幾乎不敢違背媽媽的想法。從小到大，只有一次讓媽媽生氣、動手打我；因為我去同學家，太晚回來了，讓她很擔心……從此之後，我就不敢再讓媽媽難過了。媽媽很辛苦把我和妹妹

扶養長大，對我來說，盡可能把書讀好、考上好的學校、順利大學畢業、做一份可以養活自己的工作，就是最好的孝順。

民國 97 年 12 月 29 日，我永遠記得這一天。

前一天我還開心地和媽媽帶著兒子一起去新光三越感受耶誕節的氣氛，我們照了很多的照片，也吃了聖誕大餐。回到家，一如往常地梳洗後就上床睡覺了。

隔天氣溫突然驟降。我和媽媽兩人搭乘捷運來到西門站，參加一季一場的基金趨勢學習課程。課程結束後，媽媽說要和老師去吃飯，我則自己離開去找朋友。30 分鐘後，我的手機突然響了，同事在電話那端說，媽媽在喝水的時候，嘴角一直止不住的流水下來……我當時天真的以為只是顏面神經失調。他們叫了救護車將媽媽送去台大醫院，我也立刻下公車、攔了一台計程車趕去。我在車上不斷告訴自己：「天將降大任於斯人也，必先苦其心志……」我沒有時間慌張，我要鎮定地解決問題；過去都是聽到別人的故事，沒想到，現在竟真實地發生在自己身上。

醫院的電腦斷層報告出來，確定是「出血性中風」，腦中有 50cc 的血塊。醫生問我：「這要開腦，要開嗎？」我沒有第二個選擇，就是要救；即使救回來可能不能說話、可能不能行走，甚至是植物人，我都不願意放棄，這就是家人！我不想再一次面對「還沒有準備好時，你愛的人就離開你

了……」的創傷與痛苦，我不想再有遺憾。

原來，等待是如此緩慢又煎熬，一分鐘像是一小時……在媽媽手術的五個小時裡，我在手術室外面如坐針氈，每一次手術門打開時，都以為是媽媽的主治醫生出來告訴我手術成功了。眼看旁邊家屬一一離開，只剩下我和我的家人。

終於在晚上 6：39 手術門打開的那一刻，媽媽的腦部權威醫生走出來了。

「我已經盡量的將血塊都拿掉了，但是有一些仍在腦幹處沒辦法清除，看看身體是否可以自行吸收……」醫師跟我說。

「那媽媽腦部受傷的部位到底是在哪裡？有沒有哪些身體功能被影響？」我緊張的問。

只見醫生冷冷的回答我：「我也不知道，必需要等到她清醒後才可以判斷。」

手術成功已讓我心中大石至少放下了一半。在加護病房的觀察期，每天只有三個時段、各半個小時可以進去探訪。前幾週，媽媽全身插滿管子，一直在睡覺，家人在旁邊喊她的名字，感覺媽媽好像有聽到，但是眼睛就是張不開。每次時間一到，護士小姐提醒我們該出去了，我總是捨不得離開，希望時間能靜止。

但，煎熬才正要開始。

在加護病房第 14 天，院方試著要拔掉呼吸管，看看媽媽

是否可以自行呼吸。後來發現，媽媽無法自行呼吸，醫生第一次和家人說要氣切，我非常反對和不捨，他們只好把呼吸管又插回去。看著躺在床上的媽媽，我的心替她感到疼痛！

進入加護病房插管第 21 天，醫生說不能插管這麼久，很容易導致肺炎和細菌感染。在檢查完咽喉內視鏡後，發現媽媽因插管太久，導致氣管腫脹無法自行呼吸，不得已，只好幫媽媽選擇氣切。雖然多了一個傷口，但看到媽媽的病情有進步也很慶幸。在轉到呼吸治療中心訓練呼吸一個月之後，媽媽帶著氣切管終於可以自行呼吸了，這才轉入一般病房。

媽媽在加護病房一住就是兩個月。原本醫生說，這輩子都不能走路了！還好我從事保險業務工作，認識許多有緣的朋友，這次事件感謝客戶們的關心和協助，有蕭醫生在黃金 72 小時幫忙媽媽針灸，以致神經連結不會阻斷；還有遇到好的台籍看護阿姨，用力激勵媽媽復健，讓媽媽的左腳可以慢慢恢復行走。在這當中，我也曾經自己照顧媽媽二天，發現真的隔行如隔山，例如：我不敢抽痰、半夜還要起來四次幫媽媽翻身換尿布……第三天，我直接就累倒了。所以，我每天花 2000 元請專業看護照顧媽媽，雖然一個月加病房費的總花費要 16 萬，但卻是非常必要也值得。

16 萬，對於一般家庭的負擔非常大，我也是在媽媽倒下的那一刻才感受到壓力。我雙手發抖的去檢視她的保單……還好保險病房費有 5000 元補助，表示一個月只要再

付 15000 元的病房看護差額和生理用品 5000 元，才稍為鬆了一口氣。但，你以為只有這樣嗎？其後的營養補充品和芳療按摩費用才更可觀！我也不敢去計算總共的開銷了，看到媽媽從臥床到能慢慢行走，這一切都是值得的。也就是因為醫療費用的龐大，我常聽到年輕人說：「假如我生病了，就不要救我了……」事情沒有發生前，說來容易，往往在發生的當下，沒有一個家人會見死不救的。

漫長又煎熬的復健之路

將近五個月多月，每天我就是公司、醫院、回桃園，三邊跑。這段時間，完全不知道什麼是累，只有一個想法：讓媽媽可以早日回家。終於，在民國 98 年的 6 月，媽媽回到了離開很久的家，開始長達 10 年的復健人生。

每週四天、兩家醫院輪流復健，只要上班時間可以調整，我都會親自陪著媽媽去醫院復健。這些復健動作對健康的人而言是輕而易舉，但是對於腦部受損的病患來說，卻是一件很不容易的事。在醫院裡，我看到來復健的不一定都是老人，年齡最小的甚至只有兩三歲；有些是因為免疫問題造成的肌肉萎縮。一旁照顧的人都很辛苦，孩子旁邊幾乎都是爸爸媽媽陪著，但是年長的爸爸媽媽，隨侍在側的卻大都是「外籍看護」。看到這片景象，我感觸很深也很無奈，因為這就是台灣的現況和未來的常態啊！

復健之路並非只有在醫院，通常醫院只有短短 90 分鐘，回到家後，還有漫漫長路。感謝舅舅送上復健器材讓媽媽在家裡可以多做復健，有助早日恢復。雖然媽媽偶爾因為辛苦會鬧脾氣、不想動……但只要用鼓勵或威脅利誘，有時也能完成目標。但時間一久，雖然旁人求好心切，但我們不是當事人，永遠無法感同身受復健的辛苦！媽媽越來越不喜歡復健，不僅沒有辦法行走，也因為動得少，肌肉開始僵硬，可以行走的一方產生代償效應，身體已完全歪向正常的一側。我欲開始尋求專業復健師的幫助。

在媽媽還沒有生病之前，有一天，我一個同學聯繫我說：「怡潔，我有一個同事全家都買安泰人壽的保單，但是業務員離職了，沒有人提供服務，妳願意接嗎？」

「當然沒問題！是我們公司的保戶當然要好好服務啊！」我毫不猶豫的答應了。後來才知道，這保戶在 15 年前我們就認識了。於是，就這樣簽下並延續了這份姐妹情緣。

媽媽生病後，我們聯繫更密切，因為她是專業的芳療師和諮商老師。原本我也不太相信民間療法，但媽媽生病後，有些事情真的會讓正常的人神經緊繃甚至崩潰，例如：上午 11:00 電話響了，問我吃飯了嗎？我說 12:00 才會吃飯。以

為這樣媽媽就記住了。再過一個小時，電話又響了……往往一天會接到 6-8 通的電話；若是外傭不給她打電話，就和外傭吵架，然後我回家就要處理兩位的心情。我了解這些都是媽媽的關心，因為她生活沒有重心，就會一直找安全感。但這樣的日子過久了，後來只要看到家裡來電，我其實也很不敢接電話……我也都快招架不住了。所以，只要聽到能對媽媽的病情有幫助的方式，我都願意一試。

（最愛的媽媽，也是最放心不下的人；出版《高效經營》簽書會現場。）

果然，在每一次經過芳療師精油按摩之後，媽媽肌肉不僅能恢復彈性，持續穩定 7~10 天，再配合花精和精油的使用，媽媽情緒也漸趨平穩，我覺得我真是太幸運了！因為一張孤兒保單，我遇見人生的彩虹，自從有了這位專業按摩又可以和媽媽諮商的老師之後，我終於可以安心的工作了，雖然每個月的花費高達 2 萬元以上，但能讓彼此放心、安心和讓媽媽病情進步，一切都值得！

另外，對於健康的人而言，進入廁所的一小個台階是多麼輕而易舉，但是媽媽往往為了要上廁所，光是在這個台階上就停頓了 5 分鐘，遲遲上不去。每每在媽媽身後看到這一幕，實在不忍心。於是我決定：將家裡改裝成無障礙空間，讓媽媽可以一路從家門口到廁所房間，通行無阻，讓媽媽生活舒適，我也能安心許多；而為了這個安心的理由，花了 300 萬。

曾有人問我：「妳和媽媽不是從事保險業，應該都有買長照險吧！？」

我說：「有喔！她的長照保險是和自己買的。」

「這是什麼意思？」也許你也有相同的黑人問號。

當一個人發生生活無法自理時，代表需要有人來協助洗澡、如廁、穿衣或是吃飯，就像媽媽的狀況一樣，她必須要有一位專人來協助。請人就需要看護費，現在外籍看護行情來到 2.5 萬～ 3 萬（十年前才 1.5 萬而已，想想未來 20 年後，人力成本只會更高），台籍看護一個月至少 6 萬起跳。

但你以為只有看護費嗎？

不！我最常被外傭提醒的事：「阿姨尿布快沒了……」我常覺得怎麼用這麼快？但是想想自己，一天上洗手間也是 6~7 次吧！當然每一次都要換啊！若是為了省尿布錢，下次就是泌尿道發炎，可能住院打抗生素更是得不償失吧！所以，我還是乖乖一箱一箱的搬尿布，一個月的花費 5000

元～ 6000 元不等。最後，為了讓媽媽的身體免疫力提升，也因為她的吞嚥能力下降了，補充營養品不可或缺，從最基本的益生菌和維他命 ABCD 加強，才終於讓媽媽的發炎指數降低許多……這些林林總總的花費，經過二年時間，媽媽的存款數字只剩下五位數了。我開始每個月記帳後，才發現：原來一個月的照護費需要 6 萬元，每個月必須從銀行把錢領出來，這就是和自己買長照的意思。

當帳戶的餘額越來越少時，就是不安全感的開始，接下來發現自己還活著，要開始領別人銀行的錢，就會面臨要去拜託別人的囧境。所以當長照保險一推出時，立馬幫自己投保了 10 萬元的額度，讓自己不要造成家人和孩子的負擔，也有機會選擇更好的照顧方式。

（感謝生命中的貴人！左：生命的心靈導師與好姐妹；右：謝謝 Cindy，讓我看見不一樣的世界。）

跌倒了，爬起來就好

我是一個很會做夢的人，為了夢想我也願意付出努力。

因為媽媽是一位喜歡出國看世界的人，所以從國小一年級開始，寒假或暑假媽媽就會安排出國，和舅舅家人們一起旅遊，因此也造就我熱愛出國的習慣。自從上班後，我當然要選擇一份可以出國旅遊又可以交朋友的工作，

人生最好的狀態就是自己可以有選擇權；但是有些時候可能也是被迫選擇。我的夢想如期在 28 歲結婚，也很順利 30 歲有了一個可愛的兒子。我為了陪伴孩子，一週只有工作四天，多一天平日時間，就時常全家出遊，走遍很多適合兒童的景點，當時的我，自認為是天下最幸福的媽媽。

這樣的日子直到媽媽中風開始，我必須台北桃園二邊跑，照顧媽媽也要工作，也因此沒有辦法天天回家陪伴先生。有一天，發生了一些事，讓我的婚姻必須劃下休止符，當下的我，非常恐懼和不捨。

我問問自己：「如果是 60 歲的我，會讓 35 歲的自己做下這個決定嗎？」

答案是：「我會簽字。」

當時我才 35 歲，我還有 50 年的人生要過，至少我有工作能力也經濟獨立，媽媽還是需要我；雖然最放不下的仍是年齡很小的兒子……我很清楚，唯有我的未來更好，我才更

有智慧和能力支持他未來的求學之路。雖然我不能時常陪伴兒子，但對他的愛一直都在，每次接送他回去桃園，在車上聽他說話、和他聊天，是我最愛的時光。

35 歲的我決定重生了！

這個選擇非常痛；比生孩子還痛 100 倍！就我的認知來說，離婚是一個人生污點，是一個不想提起的黑歷史。每當夜深人靜，我會責怪自己沒有好好經營婚姻，或許兩人有過快樂的時光，只是緣份盡了，就要為自己選擇的人生道路負責。10 年後的今天來看這個選擇，我沒有後悔！現在的我，不論是身體、心態、生活，都比過去更好，我更喜愛現在的自己。

經過這十年，我也體會到，對我而言，人生一定要有三個重要元素：

老友：

錦上添花的人從來不缺，雪中送炭的人永遠不夠……這段時間非常感謝好友們的陪伴，帶我去山上走走，陪我一起哭、逗我笑，給我鼓勵、包容，讓我知道我不是一個人，我值得更好的。放下需要勇氣，我也懂得更愛自己；一個愛自己的人，才有能力愛更多的人。

工作能力：

找到一個你熱愛的工作。人生不是只有男友和老公，有一天他不在了，就會失去平衡和重心，甚至沒有經濟能力。我是一個熱愛分享新知識的人，剛好離婚後，公司第一次推出一個複利型的保單，愛因斯坦說：「複利是比原子彈還可怕的事！」時間的威力可以讓本金增加許多和抗通膨的機會，於是，我開始埋頭拚命的分享這個商品，也轉換我的重心、掩蓋我的情緒，竟然短短三個月時間，我完成 400 萬的保費收入，這通常是我過去一年可以完成的業績。浴火重生，果然能創造不可思議的力量！

經濟獨立：

我們常聽到「錢不是萬能，但沒有錢卻萬萬不能」。的確，每個人對於錢的價值觀不一樣，但在做重大決定時，工作穩定和財務獨立，是很重要的關鍵；女人往往會委曲求全，就是害怕自己財務無法支撐。我在年輕時就知道私房錢的重要，在還沒有結婚前，就一直幫自己存儲蓄險，雖然當時存得很有壓力，但就是這樣傻傻的存了幾桶金，在我簽字的這一刻，儲蓄險裡的每一毛錢都完好如初，不用夫妻財產共有制，讓我對未來更有安全感。

我的心頭肉與心中痛

其實我心中最大的遺憾，就是不能陪伴兒子每一個階段的成長過程。兒子五歲時，我必須離開這個家，只有假日時間才能接他回來身邊。原本我有思考過要不要爭取監護權，但是我知道蠟燭三頭燒，一定沒有一件事做得好，我只能忍痛，選擇照顧媽媽和把事業穩固。現在兒子高中了，也回來和我一起住了，雖然有一些生活習慣仍要磨合，但是，我已經很滿足。

我從孩子五歲開始，就帶他嘗試室內攀岩。第一次、第二次他可以攀登到一樓至一樓半，但是都是邊爬邊哭；我也因為有專業的教練在側，我很放心把孩子交給他。經過每年暑假的體驗旅程、教練的鼓勵，以及同伴們的互相學習，兒子願意克服困難和恐懼，開始突破二層樓關卡；到了國小一年級後，已經可以一口氣攀岩到三樓半的高度了。這對於孩子的自信心增強許多。

（不斷突破，國小一年級攀岩到三層樓了！）

其實，在學習過程中，孩子很容易放棄和不相信自己，這時候媽媽的態度很重要！你是否相信孩子、你是否願意將孩子交給專業教練來帶領……唯有放手，孩子才可以飛得更高更遠。當最後完成登頂的那一刻，媽媽比孩子還興奮！

另外，因為我自己很愛溯溪，我看過最美的風景是在花蓮的白金峽谷，這裡要背著 10 公斤重裝，溯溪 16 公里，靠著雙腳上溯才看得到永遠難忘的溪谷。有一年，我組了一個親子溯溪團，帶著 7 位小小孩和他們的父母去外雙溪馬粟溪。這次溯溪都是孩子們的第一次經驗，很多父母都很擔心：孩子會不會跌倒？溪水會不會很冷？孩子會不會走到一半就賴皮想回家了……結果。溯溪結束後，所有的問題都沒有發生，只聽見孩子們不停地問：「阿姨，我們可以繼續玩嗎？」完全不想離開溪水。

一開始我也是牽著兒子的手，怕他平衡感不好容易跌倒，但因為有些孩子走得較快，兒子跑去找他們一起走，結果聽教練的指示，反而走得更穩更安全；同時，在看到身旁年齡差不多的同梯走得很快時，也會想跟上去，就會忘記一切的腳痠和水很冷這件事，當攻頂完成的這一刻，送給孩子的禮物，就是不放棄的精神和自信心的提升。

其實在陪伴孩子時，父母往往因過度保護反而限制孩子的天空，父母不曾做過的事，不代表孩子不會和不敢。時代

變化太大了，一年後會如何我們都無法預測，更不應該用 30 年前的觀念和環境來限制孩子的發展。

（溯溪從小到大，已經征服 8 條溪。）

適時的放手，可以發現孩子的天空更寬廣。

我在 2013 年第一次帶著兒子去參加日本滑雪團，原本我認為滑雪是一項危險的運動，因為我時常在寒假理賠幾次因滑雪摔斷手或屁股挫傷的理賠，所以我遲遲不敢去學滑雪。終於在我的好朋友兼滑雪教練的一直一直慫恿下，帶著我的客戶們，浩浩蕩蕩 15 人一起去滑雪初體驗。從開始的穿鞋子和在雪上走路的動作，有數不清的雪上跌倒經驗。但經過了一天的教練課程後，第二天我終於勇敢的往前滑行了！可是，我還不會轉彎啊～～就在此時，遠遠地看見兒子從山上很輕鬆的滑下來，哇嗚～好帥喔！他才六年級，怎麼比媽媽還厲害！原來所有的孩子們都一個一個學會了。教練說，因為孩子個子小，比較不怕跌倒，學習速度比父母更快。經過三天課程後，兒子從不會滑雪、每晚喊腳痠，到不想回台灣了。現在的我們每年寒假的行程就是和一群熱愛滑雪的朋友們，帶著孩子一起出國滑雪，享受好玩開心又能留下特別難忘回憶的親子時光。

（二次的日本東北滑雪。）

父母真的不用給自己太大壓力，不用什麼都厲害，只要放心交給專業的教練，時間就是最好的證明！我們永遠不知道能陪伴孩子多久，我能給予孩子的寶貴禮物，就是：「**追求挑戰的勇氣、追求目標的毅力，以及失敗過程中的耐挫力和應變力，永遠保持樂觀和正向態度**」；而這些能力都是我在工作時獲得的最大資產。

父母亦是孩子最好的「榜樣」了，我也是以此來提醒自己的身教和言教。從小，我的母親教會我做人應該要有的禮貌、一步一腳印的踏實，以及要有毅力、耐力堅持完成設定

的目標。所以，我在工作上說到做到，只要喊出來的目標，我會想盡辦法完成；唯有當工作目標達成後，自己的人生夢想才會一一實現。至今，我已經去過 35 個國家，買了人生的第三間房子，退休金也即將完成……這一切的目標，都是因為：「我相信、我可以、我全力以赴，所以我最後看見！」人生只有一次，我希望 65 歲坐在搖椅上，有滿滿的回憶和照片，讓我可以感謝過去曾經努力不放棄的自己。

過去的經歷造就我現在的個性，我不埋怨老天爺對我不公平，因為公平來自於自己為生命的奮力一搏，明天之後會是如何，只有老天爺知道。我更清楚要把握當下，珍惜生命中重要的人，讓自己活得更踏實、更多采多姿！現在的我，更期待 50 歲的自己。當能力提升後，可以掌握自己的發球權，在設定目標時，不斷告訴自己：「**沒有能不能，只有要不要**」，人生就像是不停的闖關，在發生各種挑戰時，我亦不斷提醒自己：「**關關難過，關關過，不是看見希望才要堅持，而是堅持到看到希望**。」我的生命故事未完待續，我很喜歡現在的自己，也將繼續往下一站幸福前進。

3 人生，是一連串的選擇累積

作者 About 簡介

鄭至凱

學經歷

中原大學 機械研究所 碩士
中原大學 登山社 社長
中原大學 慧智社 副社長
陸軍特種作戰指揮部 下士
駱駝登山會 秘書長、常務理事
富邦人壽 業務經理（現職）

專業殊榮

MDRT 百萬圓桌超級會員（COT）
國際龍獎 IDA 銅龍獎
富邦人壽 團險鑫高峰 鑫首席會員
富邦產物 五佰俱樂部 會員

雖入不惑之年，但心境仍像個大男孩，對世界充滿好奇與激情；相信人生是美好的旅程，希望不斷留下許多生命的軌跡。
工作很認真、生活也很認真；工作認真於所有協助客戶的規劃皆是設身處地著想，生活認真於月月年年都計畫著新目標並一步步實踐。

人生，
是一連串的選擇累積

堅持，創造無限可能

人生的第一個轉折點，是高中騎單車的歲月。

高中時期，愛上騎單車。高中之前，自己是個外在看似陽光，但內心卻藏著陰影的少年。直到跟著好友春宏騎單車踏遍大台北，才逐漸建立了自己的自信。在那個民風未開（民國 87 年），單車還只是個通勤工具的年代，能騎單車上陽明山小油坑、環北海岸，都稱得上是壯舉了。記得有一回，我騎著借來的單車（沒錯，借來的！那時哪來的錢買單車），賣力地騎上小油坑時，遇見一個參加旅行團的阿姨，她問我：

「弟弟，你父母知道你騎腳踏車來這裡嗎？」從這句問話就知道，在當時候騎單車上山，不僅是一個挑戰，也是沒什麼人會做的事。（當然，現在不同了！）

騎上了陽明山、環了北海岸之後，我開始建立了自信，高中畢業之際，「騎單車環島」的想法，在我心中萌芽；但實際完成這個起心動念，卻是在我高中畢業的十年之後……我一個人騎著單車、說走就走。一路上，很多人問我：「為什麼不找人一起結伴？」其實，也沒有特別的原因，或許就是單純地骨子裡想一個人，於是，就這樣哼著歌、踏著單車出發了。

一人、兩輪、雙腳，踏過了 102 個鄉鎮、騎行了 1,135 公里、環三個島（台灣本島、小琉球、綠島）。其實，以當時的體能狀況，要負荷這麼長一段的騎程，是有困難的。但人的潛意識就是這麼有趣，當一直跟自己說「不行」的時候，全身上下還真就會出現不行的訊號，例如：突然腳就會很痠，或者背就莫名的痛起來……各種狀況阻礙你前進。然後，就會問自己：「還能再繼續嗎？休息或放棄？……」每當這個時候，我就會打起十二萬分的精神，告訴自己：「可以的！再試試、再努力……」即使中途仍會停下來問自己：「到底在堅持什麼？」但此時，一個堅持、不肯妥協的信念就會跳出來：「管他的，腳繼續踩就對了！至凱，你可以的！」只

要此刻戰勝了自己，往後不論是無限的上坡，或是更遠的距離，我都無所畏懼；不要想著遙遠的終點，只要望著前方路上的白線，自然地，左腳踏完換右腳，每踏一步就往前一步，都是不同的景致，也離終點愈來愈近。登山是如此，業務的生涯更是如此。

在騎乘的一路上，遇見了許多美好的緣份，來自不同的家庭、不同的環境，有著不同的價值觀，卻都能投緣的聊上幾句。當時，深深地感受到這個島上的生命，原來存在著許多的可能性與包容力。

有一回，在蘇花公路上遇到一個騎著菜籃車、全身包緊緊的媽媽，她告訴我她也是要去環島。但她完全沒有帶裝備，看起來就是像去市場買菜一樣。

「為什麼想去環島？」我好奇地問。

「因為孩子們都大了……我想了很久，決定了，就出發了。」媽媽率性的回答，令我意外。

多麼簡單的一個起心動念。但這答案卻在我心裡回味了許久。

在前往關山的路上，遇到一位阿伯，他拉著菜籃車走路環島。

我問他：「離關山還有一段路，你今晚要睡哪裡？」

他說：「走到哪睡到哪。」

「那你這樣走，如果太累撐不下去怎麼辦？」我追著問。

「太累了，就坐火車回家呀！」阿伯回答我的時候，不加思索，表情一派輕鬆自如，神情裡沒有一絲的不安與畏懼。

是要有多大的衝動，才能說走就走？一般人要做多少準備，才能放下一切去完成自己的目標、夢想？放下的一切，真的就是人生的所有了嗎？有時當我們離開家門那刻，所有事就準備好了。所謂放下的一切，往往也只是被我們放大了。

這一場單車環島旅行，讓我深刻的感受到：人生真的有無限的可能！想做就放手去做，失敗了又如何？如同那位提著菜籃車的阿伯說的，「大不了坐火車回家。」若是什麼都只是存在著「想」的階段，想好了再去做、準備好了再出發……躊躇不前，或許時機就這麼給錯過了！

研究所將畢業那一年，我決定要踏入壽險業。那時許多人問我：「有那麼多的專業在身，直接就放下轉行，這樣好嗎？」但我就單純地想趁年輕時拚一把，不論結果如何，我給自己一年時間，若是成功了，我可以驕傲地拍拍自己：「至凱，你把握了很多機會，你很棒！」但若真的不行……大不了就坐火車回家嘛！

與其讓想法在腦海裡不斷地盤旋，不如直接先做了再說；我們永遠不缺的是「念頭」，永遠不夠的是「行動」。不想讓自己活在不停懊悔與自怨自艾的輪迴裡，那麼 Do it 就對了！很多人無法放下一切，於是只好放棄夢想。

「**踩踏路上難免狀況百出，順風時且稱心得意，開心地乘風而行；逆風時就咬緊牙關、低頭緩行，無論如何，腳步都不能停。**」過程雖然辛苦，但也因為有這些起伏，我們的人生才更顯趣味。

（單車環島記錄。）

放棄更需要勇氣

從腳下踏出的每一步，步步是突破，步步是高峰！

在尼泊爾聖母峰山區健行已約一週，走過了多列（Dole），高度也突破了四千米。看著手錶的高度計，剎那間，背脊聳然！

在台灣走過不少山，但最高就是玉山，高度 3,952m。這表示我現在走的每一步，不僅突破了之前的高度，還正在不斷刷新自己的紀錄！想起來內心十分雀躍。曾幾何時，這是我計劃退休後才可能有時間親臨的夢幻殿堂，但我現在卻身在其境。看著我眼前壯麗的冰川、高聳的聖母峰，雖然空氣有些稀薄、身體略感不適，但這股幸福感，卻讓我連呼吸都感受到人生甜味。

在旅途中，嚮導說，鮮少遇到華人來這裡登山。我告訴他，或許是因為華人的思維邏輯所致：年輕時想來，但沒錢；有錢時想來，卻沒閒；有錢、有閒時，但有家庭；有錢、有閒、家庭責任告一段落時，想來也都沒體力了！在每個人生階段，都有很多很合理的理由告訴自己：「再等等吧！時間還沒到……」於是許多的目標、夢想就這樣不斷地被延宕，甚至被埋葬。

想想好像也真是如此，這一回，若沒有學長秉忠的轉職空檔邀約、沒有學弟宇儂的畢業論文喘息時間、沒有自己的

衝動，不會有這次的三傻大鬧尼泊爾之行。我曾以為去尼泊爾登山就是登山目標的終點了，但現在發現，原來這只是個開始。許多的事，當你想要或願意時，它就會發生了。

我們三傻在聖母峰山區待了一段時間，這是一段會在我們年輕歲月中留下深刻痕跡的美好時光。每一天早晨都能自然睡醒，一邊悠閒地望著遠山、吃著早餐，一邊心中盤算著：「今天想要走到哪裡！」餐後，三個人各自背著輕鬆的小背包前行。一路上因空氣稀薄而氣喘吁吁，長時間在高海拔行走，沉重與疲憊的身體像在煉獄似的，但只要一抬頭看著眼前的壯濶美景，痛苦瞬間就灰飛煙滅，只感受彷若置身天堂；有時還會問自己：「這是在作夢嗎？」終於能體會：「年輕時流浪，是一輩子的養分」這句話的精髓。

許多人生的價值觀，總是在不斷地與自己對話、接觸新的事物、開啟不同的視野之後，才慢慢確立。

在攀登島峰（Island Peak）的前一晚，我們睡在基地營裡的帳篷；其實前幾天我的身體已經出了點狀況。

凌晨兩點，起床準備要去攻頂時，我已因鼻塞無法正常用鼻子呼吸，只能用嘴巴。但因山上空氣非常乾燥，用嘴巴呼吸致使我一直咳嗽、大咳不止，甚至還咳出血來……我心想：「這樣的身體狀況，是否有能力在雪地用攀登裝備連續

12 小時攀登雪峰？但都已經走到這裡了，真要放棄嗎？」我心裡揪結著。

（尼泊爾聖母峰山區健行。）

最終，我還是決定放棄了！

我目送隊伍離開後，便下撤回山屋。一路上，心裡一直為這不得已的決定感到可惜！畢竟飛越了幾千里來到這個聖殿，最終卻無法親臨……但為顧及生命安全，「放棄」是理智的決定，反而需要更大的勇氣，即便現在回想，仍覺得當時的決定是對的！若那時候執意繼續前進，後果或許不堪設想。登山迷途事件，時不時能在新聞媒體上看見，有時候即使出動搜救隊搜索整片山，卻仍無所獲。很大的原因是：多數人不願意原地等待，總覺得自己走著走著一定能找到出路、能走出去……但往往卻走向迷途的更深處。人生路途不也如此？我們往往堅持在自己認為是正確的道路上，雖然有許多結果印證，自以為的那條路可能是不歸路，但多數人還是像飛蛾撲火般地勇往直前，直到年老體衰，直到青春不在，才恍然大悟，但可能為時已晚，來不及回頭了。

尼泊爾聖母峰山區健行，讓我身心都受益良多。尤其，讓我體悟到：「當竭盡全力後，選擇適時放棄，不是失敗也不是懦弱，而是另一種重啟的勇氣。」自此之後，我便時時提醒自己：「在人生路上不是只有義無反顧的勇往直前，而是遇到可能的危機時，經過審慎評估後，就要鼓起勇氣當機立斷的重新組合或修正方向，而不是傻傻地悶著頭一路前進；而遇到機會時，雖然沒有經驗，會擔心、會害怕，但也要鼓起勇氣，勇敢前行。」

想成長就必需學會放棄；有時放棄比堅持更需要勇氣！

我相信，每一個發光的生命，都是用勇氣擦亮的；勇氣，也正是伴著我們踩踏每一步人生高峰不可或缺的利器。

（三傻大鬧尼泊爾！）

選擇了一條不歸路？！

不知是天生反骨，還是我期待生命中能有不同的變化，一直以來，當面臨「選擇」的時候，我總是異於常人的選擇一條辛苦難走的路；我很想看看，跟別人不一樣的人生道路，能讓我看到什麼樣不同的人生風景。大學登山社，兩支隊伍讓我選，我選擇困難度高的那支隊伍；當兵時，多數人選擇涼缺，我偏偏自願去特戰跳傘；就業時，身邊的人安份地去當工程師，我卻選擇了當萬事起頭難的業務工作。

高中好友春宏跟我說：「鄭至凱，你高中時立下的志向，是要當個穩定生活的工程師，怎麼最後跑去做業務？！」

的確，若研究所快畢業的當時，沒在就業博覽會上遇到貴人一怡潔經理，我現在應該就是個穩定的上班族了。為了這個大反轉的決定，我花了近兩個月的時間，勤跑學校心理諮商中心做自我探索，最終確認了方向，走向那條辛苦，可能也困難重重的業務之路。

通常我們看到的業務，要不穿得西裝筆挺，要不就是光鮮亮麗，殊不知掀開衣服之下，到處都密佈著彈孔、滿目瘡痍，沒有一個不是身經百戰，經過衝擊的洗禮，從挫敗中走過來的。

還記得，當時一退伍進入富邦之後，我便把所有的資產都拿去添購電腦設備、置衣整裝，期待著我的大好未來。誰知道，整整約三個月完全沒有收入！家人從一開始便反對我進入壽險業，這個困境，當然也不敢跟家人說。好在大學登山時期，有砍竹筒存錢的習慣；而且存在竹筒裡的都是 50 元硬幣，在彈盡糧絕的時候，我就開始過著剖竹筒的生活。我每天帶著幾個 50 元硬幣出門，同事說要吃飯，我就說自己不餓，然後跑去遠遠的地方躲起來啃饅頭；朋友如果約聚餐，我就推說忙碌，不如約喝咖啡就好……因為若是自己吃太好，就沒多餘的錢給我的機車加油了。當時的日子，就是這麼艱難！

登業務這座大山

在沒有收入的那三個月，我彷若在黑夜裡前行，看不到黎明到來的日子。

每天我仍是朝七晚十的早出晚歸；一早就進公司自我充實，晚上拜訪完客戶後再回公司整理文件，繼續學習。

常常同事問我：「昨晚看到你待到那麼晚，怎麼今天還那麼早？你不會是睡在公司吧？」

「我一早帶小孩上課。」通常我都一語帶過。其實，那個時候我根本還沒有孩子，但基於不用解釋的理由，這是最簡單的答覆了。

偏偏很多時候，努力不一定能得到回報。常常我累到精疲力盡，還是沒有成果！這個時候，我登山及騎單車的毅力就會大爆發了，我會在公司四處踱步，最後站在辦公室講台前，告訴自己：「這裡有上百個人都可以等到果實豐收的一天，鄭至凱你沒有比較差，為什麼你不行？」一邊鼓勵自己的同時，也刺激自己。終於，當忙碌充實至一個到頂的程度，我終於不用在砍竹筒了，我終於開始有收入了；我可以跟同事、朋友好好的吃頓飯了，我的黎明終於來了！黑夜不會平白無故地過去，黎明也不見得會到來；黎明到來時，才會知道黑夜已過去。我們能做的，就是在黑夜持續努力、精進，直到忘記時間的那刻，也許是深深睡著離開，也許是看到璀璨的藍天白雲。

俗話說：「沒有天天在過年的」，業務工作即是如此。黎明到來後，就不會天黑？別傻了，時間早晚的問題。如同登山時，有些路線在下午就該尋找當天的營地，避免摸黑；業務工作亦如是，一定要在彈盡糧絕之前，尋找源源不斷的客源。

就這樣，個人保險業務工作持續到了第三年，同事逸姍不經意地問我：「要不要加入組團做團體保險？」當下我把握了這難得的機會，踏進團體保險之路，也開啟了業務工作的另一片天。個人保險是針對個人、家庭做規劃，團體保險則是針對公司行號做規劃，會接觸到更多不同的族群，也會接觸到許多員工。於是，從個人保險可以接觸到團體保險，從團體保險裡又能拉出個人保險的線，這樣相互的交叉經營。在我不懈怠的努力之下，終於在原本的天還沒黑下之時，我又迎來了另一片光明。

從事這麼多年的業務工作之後，我發現：做業務就如同登山一般。一開始，是被山巒美麗壯碩的照片所吸引，幻想著自己置身在那片景致中的美好，於是便夢幻地整裝待發的出發了。到了登山口，還來不及沉浸於一開始的平坦喜悅，就被後面一路愈來愈陡峭的山路給嚇得失去了信心。這時考驗的是：有沒有堅強的毅力、有沒有堅持的勇氣，如何在難行的山路不斷調整步伐繼續前進……只要方向對了，最終定能在那美麗的風景裡留下倩影的。

無法寫完的故事

當一個人身陷困境時，若身旁有人同行、能相互激勵，或許會有不同的結果。

以我的經驗來說，在壽險事業上若能有夥伴結伴同行，經營較能長長久久。很慶幸一路走來，總有許多的夥伴能互相扶持，讓我們努力豐收、分享的果實能愈來愈多，生命也更充實。從一開始和俊帆、秝淓、伊鈞一起努力打江山，中途于恬、華君、子晏一同奠定基礎，還有雅晴、忠憲、辰希、艾樺、語心、許婷、貴如的加入，讓整個群體愈來愈美好！我也許不像許多主管能無時無刻的叮嚀著，但我可以是那提供支援且無限支持夥伴完成人生大小目標的推手；我們也許沒有一個共同的業務目標，但我們只要一直走在美好人生的路上，一起分享成果、一起互相支持、一起走向那康莊大道，我們也能一起成就彼此。每每看到事業夥伴賺到錢、成家立業、五子登科，我內心都充滿著無限的喜悅！

夥伴們：「果子很多，我們一人一半！」我在這裡再一次地承諾著。

另外，我也要深深的感謝我的每一位客戶，我們都是彼此的貴人。一直以來，我都相信客戶選擇了我，他的理財就有了依靠，不見得是大富大貴，但至少不須擔心被騙，亦能衣食無虞，不須擔心風險；也因為你們的信任，我得以成家

立業；因為你們的需要，我得以精進自己；因為你們的支持，我得以貢獻社會……你們讓我覺得壽險業是個非常有價值的事業！我們的工作，不只是協助投保、變更、送出理賠那麼簡單，中間也伴隨著與客戶一同成長、一同經歷人生的風雨，尤其，我永遠記得：客戶身體出狀況，最後得到理賠金那一刻的笑容與安心！願我們共同為彼此的生命，持續寫下美好的樂章。

家人，是一輩子的牽絆。從業至今已 14 年，父母也相繼退休告老還鄉，剩下自己獨自一人在台北打拚。特別的緣分，我與小恐龍結為連理，恐龍蛋也誕生了，當我在外奔波忙碌之餘，終於有自己的家可以依靠了。時而聽到許多有成就的人，為了事業而犧牲了許多與家人相處的時間，當然，這是選擇，沒有對錯。只是對我來說，家庭永遠在第一位，事業則是第二。好在壽險業有足夠的彈性能讓家庭與事業兼顧，我就算再忙，也一定會顧及家庭，不時地找時間跟太太約會、帶孩子接近大自然。愛不是掛在嘴邊，是要用行動來表現；成功不一定帶來幸福，但幸福時而能造就成功。

時光還在流逝著，故事仍將繼續寫著……若干年後，也許退休之際，牽著太太的手，走在煦陽暖風中，笑談著有甘有苦過往的種種，也許不是事業上的成就非凡，而是滿滿的家庭美好。

4 想得到，就做得到

作者／
About
簡介

蔡佩蓉 FiFi

學歷

長庚科技大學五專護理科畢業
長庚科技大學二技妝品系畢業
嘉南藥理科技大學化妝品科技研究所碩士

專業殊榮

MDRT 百萬圓桌超級會員（COT）

現任

富邦人壽業務經理
長庚科技大學妝品系業界講師

擁有護理師、美容師、金融相關證照，透過不間斷學習不同的專業技能，找到最適合自己的工作內容。
每一段時光都不會白走，打掉重練的勇氣，讓人生劇本精彩可期。現在除了從事金融業務工作外，透過授課、演講，分享人生與工作的經驗，期待讀者不只是閱讀，而能引領讀者找到最適合自己的生活樣貌。

想得到，就做得到

我是打怪高手

我的家庭教育很奇特，爸爸不愛我們唸書，總說考鴨蛋回來就好；從不盯功課、不盯考試，一切隨意，因此我從來沒去過補習班。就這樣，課業隨性到國二那年，突然有一天，一個念頭閃過：「未來當個護士好像不賴耶！」我就開始認真唸書了。那個時候，姐姐覺得我唸書的方式很變態：我把所有要看的書都疊得高高的，看完一本就放到另一側，看不懂的就硬背，最後全部再從另一側翻回來唸，反覆一遍又一遍……就這樣，當我在考試時，居然能從腦中翻頁找到答案。

從那時明白一個道理：就算不聰明，也沒有任何資源，一樣可以靠努力得到自己想要的結果，關鍵就在於：知道努力後會得到什麼！同時在當中我也悟出一個心得：一旦有了目標，就得像「玩 game 時的心態」，帶著打怪的心情，闖過一層又一層的關卡，一旦卡關，嘗試用不同的方法或請教高手來解任務，直至闖關完成。這些年，只要遇到難關，我就用玩遊戲的態度去面對，不僅不會被難關打倒，還能讓心情平穩，而且充滿幹勁。

至於國中時期的我，為什麼想要當護士呢？其實，想法很單純，只覺得護士好像不會失業，所以就一股腦的只想當護士；甚至在當時，唯一的志願就是長庚護專，沒有報名第二次基本學力測驗，也沒有報名分發，這表示：若當時推甄沒有上，我就僅有國中學歷！這不給自己任何退路與替代方案的決定，對小小年紀的我來說，真的是極大的賭注啊！

幸好，我有考上！

現在想想，我爸當時的教育方式肯定是逆向操作，反而激起我無敵的好勝心！

個性反骨的我，別人越說我不行，就越想要證明自己。就這樣，一路唸到研究所畢業，然後出了社會。出社會後，轉職的過程中，也遇到不看好我的人，酸言酸語。同樣的，我們要用結果，讓他們閉上嘴巴！轉職後的我，不論是在收入、生活以及成就感方面，都比當時在我背後射箭的人好上許多，這讓我充滿喜悅與感激，謝謝他們當我的逆境菩薩，使我更有動力與決心。有一本書《瞧不起你的人，就是你的貴人》，我看完後，深深地了解箇中滋味：看待事物的角度、想法與做法，決定你的未來。

這一路上，不論是唸書、選科系、找工作，我從不徵詢旁人的意見，想做什麼就做什麼，面對自己的選擇，欣然接受每一個結果，這讓我非常非常的喜歡自己；「喜歡自己」很重要！這些年的業務工作與從事教職，發現大多數的人做選擇，都很在乎旁人的眼光與期望，反而讓自己不快樂、自怨自哀……過去的我對於這一點，總是不能理解，自己的人生為何要在乎旁人的感受？

「活出期待中的自己」才是最重要的事！

現在的我終於釋懷許多，畢竟每個人都有不同的驅動程式，造就出不同的思維與行為；有些人程式設定在關注自己，但也有些人程式設定在關注他人，就是內建模式不同而已。於是，我不再試圖改變些什麼，偶爾當個傾聽者，不再提供意見，這也讓自己舒心許多，畢竟要改變別人好難呀！

任性，還是認命？

我是個手紋非常複雜的人，從小就被說「想太多」，沒想到，這居然成了我的優點。從很小的時候，我就知道自己喜歡什麼、不喜歡什麼，不委屈自己接受不喜歡的人事物，喜歡就是喜歡、不喜歡就是不喜歡。但重點是，想逃離不喜歡，背後就需要更多的努力與義無反顧，任性 VS 認命，又是一個選擇。

舉個任性的例子吧！上護專開始到研究所畢業，這 9 年的時間，我都是一個人在外自己生活；喜歡這樣的自由，不喜歡「畢業後就要回家」的選項。於是，我盡了最大的努力，讓自己同時做兩份工作：醫美護理與金融保險。兩年的時間裡，沒有任何的休假，結果是：拚到了我人生中的第一間房子；位於板橋的房子。

買房時，我衝動型人格特質又來了。

那是我看的第一間房子，當天晚上，這間房子裡沒有燈，只有窗外的夜景，位於 16 樓的高度，能清楚眺望整個新板特區。我看著那一片燈海，腦子裡浮現出一些畫面，在屋內我與我的好友們，一邊喝著美酒，一邊欣賞著夜景，暢快地聊天……想著想著就決定買下它了。

（就是這一片夜景，讓我奮不顧身的前進！）

想起那時的自己，只能用好傻好天真形容，不看風水也沒問房屋細節，最可怕的是：全部身家加起來都不夠頭期款，我居然還敢買！又是一個不給自己退路的決定，真想知道當時的自己，到底吃了什麼熊心豹子膽，現在回頭想想自己都會怕！只能說年輕不懂事真好！頭期款信貸了 100 萬，但還差 80 萬，若是你，會做什麼選擇？選擇放棄期待中的畫面，還是選擇相信自己的能力？

我選擇相信自己！

我鼓起勇氣跟屋主說明我的現況與還款計畫，結果任誰都想不到，最後是屋主借給我 80 萬，讓我實現夢想，買下他的房子。當時我承諾屋主，一年的時間還清欠款，並當場簽下本票……房子是我的了！當年，我 27 歲。

為了想要的自由與期待的生活，我咬牙扛下每個月的房貸、信貸，以及一年 80 萬的本票負債，壓力山大呀！但能力就是這樣被激發出來的。在人人稱羨 27 歲買房的背後，是付出很大很大的努力與決心，沒有時間搞負能量與低潮期，只能不斷往前衝。每當疲累時，回家看看自己辛苦打拚而來的家，就會再次充飽電力與能量！**任性比認命需要更大的勇氣**，過程也許比認命辛苦，但伴隨的是幸福與快樂，而不是怨天尤人。

「苦一陣子，還是要苦一輩子」，是我們經常面臨的選擇題，如果時光倒轉，我的選擇依舊。那段時光，使我成為有故事的人，我好愛當時那個好勇敢、好努力去承擔責任的自己！的確，沒有什麼時期比那一年更難的了，就因為最困難的都過去了，讓我成為一個更無懼、更敢幫自己設定目標的人，我搖身一變，成了人生藍圖的設計家，還打造一個團隊，名叫：「Dream Pioneer」，因為我堅信：只要「想得到，就做得到」！

27 歲的背債人生

身背那麼多債務的我，到底是怎麼熬過那一段被錢追著跑的日子呢？

當時一整年，連吃飯都要精打細算，痛苦指數爆表，但卻給了自己一個珍貴的禮物。我開竅了，我頓悟到省吃儉用、努力存錢，根本無法解決眼前的困難，唯有讓自己的賺錢能力提升，才能真正完成還債目標。

原本以為準備好頭期款，就可以結束那兩年做著兩份工作拚命賺錢的生活，沒想到因貸款問題，這樣的生活仍需持續下去，不一樣的是，更有時間上的壓力。從一開始的追求（買房）快樂，到後來為了逃離（負債）痛苦，我發現，後者更能激發人的無限可能。房子都是我的名字了，沒有不拚下去的理由，我相信如同國中時期唸書那樣，只要努力，就能朝著目標前進；事實也印證了果真如此。謝謝這兩份工作，都不是以時間換取報酬，而是依據能力與努力，獲取高薪的可能，醫學美容護理師：依照銷售與服務能得到較高的獎金；金融保險業務：有透明的薪資結構與沒有上限的薪水，才讓我真的闖關成功。

說真的，走過後，完全不記得當時有多慘！就像我們去登山一樣，往上爬的時候累得呼天喊地，一旦登頂，什麼辛苦都忘記了！還債真的就跟爬山一樣，過程很無趣，就是一直走一直走，一直賺錢一直還錢，還不斷地咒罵自己……這時候，信念與意志力是最好的朋友，在累到快喘不過氣的時候，也只能用「相信」的力量為自己加油打氣，堅信自己一定能熬過去、堅持走下去。

27歲買的房，完全符合我年幼時對家的幻想：閣樓式的樓中樓房型，樓下是客廳、浴室，樓上是寢室，挑高4米5，有漂亮的燈具、美麗的窗簾……我在那裡安居了五年之後，隨即更換了一間全新兩房一廳的幸福宅；小房換大房，就沒那麼痛苦了。看著越來越好的自己，心裡很踏實，因為這些安全感，全是自己一手打造出來的，我為自己感到驕傲！

過去的我，也曾總是抱怨自己沒有的，羨慕別人擁有的。但工作這些年，聽到好多人的故事與發生的事故，不斷地驚覺，原來自己有多麼的幸運與幸福，專注在自己擁有的事物上，就足以讓我們感恩與知足。護理與保險工作有個特質很雷同，就是：處理生離死別！它們讓我發現，人，其實很渺小，什麼時候要生病、要離開，都是無法控制的。唯一能掌握的是：珍惜每一刻；珍惜能暢快吃、暢快呼吸的每一個當下，沒有什麼是應該的，唯有懷抱感恩的心，才是人生最好、最有效的抗憂鬱藥丸。

白日夢不是夢

人生的際遇跟你每天做什麼，遇到什麼樣的人非常有關係，我們都無法預期會產生什麼化學變化，「每個時刻，你的選擇，都將決定你的命運」！研究所畢業後的我，原本首

選是到技職學校擔任教職，薪資高於後來選擇的醫美護理師。那麼，為什麼捨棄高薪的教職工作呢？其實，年輕時，根本沒有周全的想法，凡事只靠直覺判斷。很幸運誤打誤撞的選擇了醫美護理師這個工作，沒想到非常適合我，五年的護理學歷加四年的化妝品系，讓我如魚得水；加上很喜歡與消費者互動，能讓他們變漂亮，自己也會跟著開心起來。

人生的每段路都不會白走，在服務這些顧客時，總能在閒聊中學到一些什麼；**好奇、關心是成長的最佳途徑**，怕的是，活在自己的世界，一切都事不關己、漠不關心。很謝謝在醫美診所的那段時光，認識了許多經濟獨立、工作能力優秀的女性，讓我知道女生也可以因為自己的努力，自信地過上理想中的生活，自由選擇喜愛的生活樣貌。在這過程中，或許有些人選擇忌妒、羨慕，但我選擇改變！

想要改變，就不能跟剛畢業時一樣，凡事憑直覺選擇了。我學會觀察不同的人，他們從事的各式工作，會帶給他們什麼成就與什麼樣的生活，然後再仔細地換位思考，若是我，又會是什麼樣貌。人跟動物最大的差異就在「想像力」，同樣一句話：「想得到，就做得到」！ 25 歲的我想像 35 歲的自己，能住在自己喜歡的房、能隨興的到自己想要去的地方，甚至去餐廳用餐不用看價格，能隨心選擇自己愛吃的食物，最重要的是能結婚生子，陪伴在他們身旁……「想像」讓我

對人生充滿期待。如今，35 歲的我，實現了 25 歲當時所有幻想的畫面，這是多麼地讓人激動與感謝。

白日夢可以做，但一定要有實踐它的決心與毅力！

我在 25 歲那年，選擇重新歸零，投入一份完全沒有預期會前往的就業之路！過去所學的是護理、美容、化妝品調製，但這十年我的工作卻是金融保險。原因是我在醫美工作時，認識了我的主管，當時的她正好 35 歲，正過著高收入，工作時間彈性，能到處旅行、演講的自主生活，這不就是我想像中 35 歲的生活樣貌嗎？於是，我毅然決然跟著投入，去考了相關證照想要嘗試看看，反正結果肯定不會比現在更差，就算沒有成功，一定也能學到一些什麼。

沒想到，這一個改變，真的是會把父母親氣死的轉折！但如同前面所說，選科系、唸書、找工作，我從不徵詢別人的意見，因為這是我的人生，劇本只能在我腦中編寫。這一回，同樣的我行我素，這時爸媽生給我的叛逆性格，真的是幫了我一大把，即使他們再反對，也都無法改變我的決定，因為我不在乎別人的想法、說法與做法，我只想活出屬於自己嚮往的日子。

剛進入金融保險業的初期，又是個很想掐死自己的時期！

放著每天能穿著漂漂亮亮、待在室內吹著冷氣的醫美日子，我從零開始唸書、考試與學習不一樣的工作內容，日曬

雨淋，高跟鞋一雙換過一雙，開始時像隻無頭蒼蠅般，沒有方向的四處出擊。還記得當時去西門町跑店家開發、去峨眉停車場做車險問卷，拒絕的人比願意停留下腳步的人還多……此時遊戲心態又出現了，我知道自己要對路人們做些什麼，所以不需要害怕；那些路人們不知道我要做什麼，才該害怕！所以我嘗試用不同的接觸方式（慢走、快走、跑）以及聲音語調，我開始好奇路人們的反應，這讓我覺得十分有趣，沒想到，成功機率也因此提升了不少。

有時候，我們太急於想挖寶藏，但因經驗不足，無法判斷什麼地質適合用什麼工具，只能用更多的時間去嘗試各種器具與方式；有些人很幸運，一開始就選對了，有的人卻需要嘗試許久……但若是能開口詢問有經驗的前輩們，也許成功機率就能大得多了！

真心覺得什麼工作都是好的，只要是能達成自己最喜歡的生活樣貌，它就是最棒的！最不可取的是：邊做邊罵。那為何不甏了自己？重生真的很爽，帶著遺憾、後悔，等老的時候再來唉聲嘆氣，責怪父母、小孩、責怪公司、政府，怪東怪西，卻鮮少聽到有人責怪自己……但所有的一切，不都是自己選擇或縱容出來的結果嗎？！

唯有清楚了解自己想要什麼，想往那個方向走，才能有

所堅持，例如：我們設定好導航目的地，當方向走錯時，導航不也是不厭其煩的要將我們導回正確的方向嗎？最怕的是沒有目標、胡亂的走。但試問：誰又是一開始就知道自己的目標是什麼？所以，想藉由自身的經驗和年輕人分享：千萬不要害怕失敗，多嘗試各類不同的體驗，例如：打工、旅行、培養興趣、參加社團活動等等，安於現狀、封閉自我，最後只會畫地自限。若能勇於嘗試各類活動、參加各式聚會，認識不一樣的人，那麼如前面所述，人與人之間互動所引起的化學變化，定能將你帶往不同的景致風光。

（海外旅行牆 透過旅程 開拓視野。）

從小我就開始打工，做過牛排館的服務生、早餐店、停車場指揮交通、賣場收銀與客服、彩妝銷售等等，但最值得

驕傲的是：我國小就開始有生存能力。小學三年級一直到畢業，每節下課與午休時間我都到福利社打工，下課鐘聲還沒響，就到福利社報到，賣飲料、麵包與文具，當時的我自稱「福利社之花」，我想出社會後，我會選擇銷售業務性質的工作，肯定跟這段時期有著非常重要的關係。

在福利社的那段期間，讓我從小就不怕跟人互動，也習慣跟比自己年長的人交流，並發現銷售行為是會為人們帶來喜悅與幸福的。每一個來福利社買東西的孩子，帶著他們很有限且珍貴的錢來消費，選擇買下會帶給他們快樂的商品，那種喜悅我看了整整四年，因此買賣關係對我的定義是：透過我的說明與服務，讓顧客買到讓他舒服快樂的商品，絕對是互利關係。不論是一開始的醫美護理諮詢或現在的金融保險業務，我都帶著這樣的理念，只要心態對了，就不會有亂七八糟的小劇場出現：覺得自己是因為業績、因為收入才銷售商品，反而更能發自內心感受，銷售是因為能滿足消費者的期待與解決他們的擔憂，銷售是能帶給彼此快樂的過程。

成為他人重要的存在

我一直深信，人生總會在某個轉角處，會有貴人出現！還記得那個賣我房子、並借頭期款給我的屋主嗎？我和她的

劇情並沒有在還清債務後結束。

2014年11月，她問我：「願意去參加一個聚會群組嗎？每個月聚會一次，一起學習、研討並實踐，渴望成功的人才能參加喔！」

這個群組在當時被稱為「億萬富翁」。雖然我一口答應，但內心還是緊張的成分居多，畢竟裡面都是企業主、創業家。4年來，每月一聚的日子，總不斷地提醒我還要再多加油，不能沉迷在舒適圈裡；有人相信我會成功，我不能讓他們、讓自己失望……這樣的信念，陪我走過大大小小的挫折。

記得有一次，我在億萬富翁的聚會中，辦了一場KTV大賽；每個人要唱一首歌，同時說出一段故事。那一天，我聽到每個成功人士的背後，竟都有著一段刻苦銘心的過去，原來我們不能只看到眼前的光鮮亮麗，他們原本也跟大部分的人一樣什麼都沒有，有的是「無比渴望，成就更好自己」的那份決心，並願意為它付出努力、不放棄的毅力……而這些種種，現都成為滋養我成長的養分。

從這些經驗，我體悟到：和比自己還優秀、有經驗的人做朋友，過程中或許會有些壓力，但在不知不覺中，能耳濡目染學習他們身上的特質與智慧，激發自己想進步的動力，成就更好的自己。

現在回頭看過往的種種，我常想：「我到底哪裡來的大無畏勇氣？」

我想，是因為我心裡總是有著滿滿的愛與安全感吧！

從小，爸媽因為工作的關係，尚未滿月的我就被 24 小時托嬰在鄰居保母家，保母總說我是最愛哭的小孩，哭聲大得驚人！每天晚上準時 11 點放聲大哭，整晚睜眼不睡，哭到她都受不了，準備要把我丟包回家。這時，有個很 Man 的男子出手相救了，他說晚上孩子交給他……我才驚險地被留了下來。他就是保母的先生，平常工作已經非常辛苦，但仍選擇在夜晚陪伴著不睡覺的我。「昏暗的燈光裡，他在客廳抱著我、搖著我、哄著我、餵我喝奶……」的畫面，是自我有記憶以來，記憶中最美的畫面，亦是最重要的一個存在。

（沒有血緣關係，卻珍愛我的保母先生。）

不止保母的先生，其實保母家的每一位成員，對待這個沒有血緣關係的小娃兒，都給了滿滿的愛與安全感，所以，自小我就相信，自己是值得被愛的，不論在哪裡受傷跌倒都會有人心疼的……所以，很多時候，我才敢放手一搏。這對我的人生產生非常重大的影響。

感謝在生命中出現的每一位貴人，讓我相信只要付出關愛，都有機會成為別人生命中很重要的一個存在；若不能為別人帶來幫助，生命是沒有價值的。這些年，看到有些公眾人物去當了小天使，大家開始回憶他是什麼樣的人、他做了哪些值得記住的事……我也時常幻想這個畫面，希望在短短地活著的幾萬天裡，能讓周圍的人感到溫暖、友愛，這比富裕對我來說，更為重要。

過去在學校、在企業裡、在職場上，常有機會分享許多自己的故事與經驗，希望不論力量大小，都能當個有影響力的人；如果一個故事、一個觀念能讓聽眾變得有自信與快樂，甚至生活可以更美好，這就是我存在的價值！我始終相信即使是沒有血緣關係的人，也有機會成為他人人生中重要的一份子，一種盡力卻不求回報的存在。

謝謝你們閱讀了我的故事，期待能讓你對未來充滿希望，因為「想得到，就做得到」！

5 你，當過不受控的人嗎？

作者／
About
簡介

林艾樺

學歷

輔仁大學生命科學系畢業

專業殊榮

MDRT 美國百萬圓桌協會會員

經歷

餐酒館店長
連鎖餐廳經理
富邦人壽業務經理

天生反骨不喜歡被制約的個性，從十年經驗的餐飲服務業，帶著一樣的熱情來到金融保險業，從業四年，維持四次榮獲國際獎項 MDRT 美國百萬圓桌會員資格，現任業務經理。在保險業中為自己買房買車，信念是：堅持做自己，好自在的人生觀。

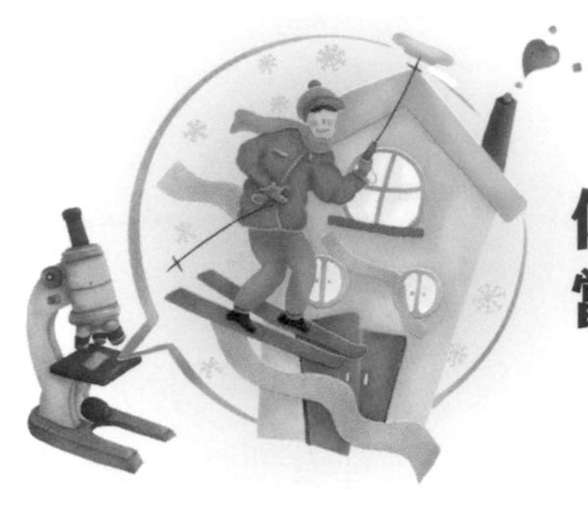

你，當過不受控的人嗎？

我的年少輕狂

應該大多數人的小時候，都會有一段跟家人抗爭「在不該出門的時間出門」的階段！我記得：「我從來沒有失敗過！」

現在長大了，回頭問我媽：「為什麼妳都肯放我半夜出門在外趴趴走？」

媽說：「不讓你出去你又要在家裡發脾氣，搞得全家心情也不好，不如就乾脆讓你去，玩好自己就會回家了。」

對，玩好，我就會回家了！

身為一個典型的台北學生，上國中名校、公立高中，然後因為分數到位，選了一間人人都聽過的私立大學，根本不

知道自己有沒有興趣的科系就讀……要說這是一個很傳統的求學過程，好像也很合理。但我只能說，人生看似隨時隨地都在被支配著，但也隨時隨地都在做選擇，不是嗎？

還記得在大四那一年，身邊的同學都在思考畢業後的出路，我一股腦跑去跟我媽說：「我覺得我現在唸的生命科學系（白話文就是生物系），一直在顯微鏡裡看細胞，關在實驗室裡做實驗，實在太無聊啦，一點都不適合我！我跟妳說，我決定要去朝臨床心理發展，我要考他們的研究所。」

完全是一個先斬後奏的概念。

有了目標之後，接著，我便利用大五的一年，修跨系的課，開始在台北車站瘋狂補習、跑K書中心、去圖書館……要說補習費也花了不少錢，真的是辛苦媽媽了。

放榜的那一天，也是跌破大家眼鏡的一天，我，竟然考上了目標學校—輔大臨床心理研究所的「榜首」！沒錯，是榜首！但沉浸在喜悅的日子裡沒多久，過了一個月，又發生了讓大家眼鏡跌更碎的事情（眼鏡是能跌多碎？！（汗）），我跑回家說：「媽，我決定了，我不要念研究所，我要去餐廳上班！」

之所以會有這樣的大反轉，跟我身處的環境很有關係。我在高一之後，變成單親家庭的孩子，所以大學期間半工半讀、玩社團，也是合情合理。就在餐飲業打工的過程中，我

竟然愛上了這樣可以到處說話、交朋友，又很外放的環境，因此毅然決然地放棄了這個費盡洪荒之力、人生第一次這麼拚命爭取到的「榜首」機會，轉往餐飲業發展。可想而知，當時這決定，引起家人及身邊朋友多大的反應！

看到這裡，你是不是也覺得像我這樣的人很傻，穩定的醫學相關領域不走，跑去外面端盤子用勞力賺錢。但現在回想起來，我仍不知當時的決定是對是錯！人啊，不都是活在隨時要做選擇的環境裡嗎？我只知道每個選擇、每個結果，都是未來人格養成的一部份，只要學著對自己下的決定負責任，不就好了嗎？所以儘管年少輕狂，但我一直很喜歡可以自己做決定的感覺，其他人怎麼說，我好像也一直沒有很放在心上。

放膽去闖，沒什麼好可怕

隨著時間推移，出社會工作存了一筆錢，我決定帶著一顆赤子之心，前往一點也不稀奇的澳洲去打工度假。

來到澳洲，雖然有初來乍到、人生地不熟的徬徨，但慶幸的是，生活卻能神展開般的順利，不僅快速掌握訣竅，甚至在當地與各式各樣、完全不同成長背景的人交流時，也能如魚得水般的自在。

記得有一次，我開車載著朋友出遊；一車裡五個人，均來自不同國家。其中一個越南朋友，打開話匣子，隨意的問了車內來自上海的女生：「妳認為的中國跟台灣之間的關係……」我開著車，目視前方，沒打算開口，但心裡想：「真是哪壺不開提哪壺。」當然，車內的對話是和平的，儘管我們身處不同國家，從小接受的教育可能也極端的不同，但是我們皆尊重彼此觀點。如同現在，不論在生活或職場裡，我同樣很尊重每一個人的發言權跟意見，畢竟，世界上沒有百分之百正確的答案，也沒有永遠一百分的人，多聽聽不同的聲音、多思考不同的觀點，用不同的角度觀察同一個世界，不是很有趣嗎？！

在澳洲墨爾本的某個冬天，我決定前往紐西蘭去體驗滑雪。

說走就走，簡單收拾行李就出發。一個人搭著飛機來到了著名的度假勝地—紐西蘭皇后鎮。

抵達目的地，我租了裝備及雪板，直接搭接駁車上山。愈往山上走，溫度越來越低，我看著一片白雪皚皚就近在眼前，這個時候才開始感到緊張……因為，我根本不會滑雪，而且我一個人也不認識。不過沒關係，雖然萬事起頭難，但總有辦法的。我斜眼瞄旁邊的人，偷學他們的姿勢，把雪板穿好，開始獨自享受我的「滑雪初體驗」。想當然爾，接下來幾個小時，我進入了不斷跌倒、摔很慘、滾幾圈，然後再站起來的無限循環裡。那時候，我腦海中只有一個念頭：「反正在這裡沒有人認識我，摔得再丟臉也無所謂。」

（紐西蘭滑雪初體驗）

接下來的幾天，我在皇后鎮都是這樣度過的：白天一個人滑雪加觀光，晚上找個在背包客棧大廳新認識的朋友喝一杯，隔天各自分開……後來我把這些際遇說給別人聽，他們都說我這樣很勇敢，但我會說，這樣的我很享受！

其實只要在不干擾他人的狀況下，通常我也不在乎別人的眼光，隨心選擇我想做的事情，然後從中找到成就感跟樂趣。與其因為太多的猶豫而錯失機會，何不想做就去做呢！人生不就這樣嗎？玩好了，就會回家了！

跨出舒適圈

天下無不散的宴席，旅程到最後，總都要放下一切的掙扎不捨，回到該去的歸處。收拾行囊，我準備要回家了。不

論是誰，人生所經歷過的，都值得寫成一本專屬於自己用生命闖盪出來的故事書，在不同階段遇到的高低浪潮形成了故事情節裡的起承轉合，相信只要是用心寫出來的，一定都是精彩且有感情的。

儘管回到台灣一切似乎都要重新開始，過去只有餐飲業經驗的我，雖然從澳洲回來，但畢竟在國外也是都從事服務業，要說我有什麼過人的一技之長，還真是沒有。最後，也只能選擇重新回到熟悉的餐廳上班，那是我的舒適圈，是我游刃有餘的領域，也是我最喜歡的環境。

算起來，加加減減我有將近十年的餐飲業經歷，曾經擔任過不同店家的店長、值班經理等職位；也因為在服務業很長時間，我原本強硬又銳利的個性，漸漸被磨去了菱角。但隨著年紀增長，即使我對這份工作有很高的熱誠與成就感，卻也無奈的被現實和壓力逼得不得不向後看得更遠；我和大多數的人一樣，開始對未來的人生感到迷惘。記得當時，我還給自己的狀態下了一個註解：「還沒中年就危機」。我知道，我勢必要跨出舒適圈了，我要開始尋找適合自己並能看見未來的一條路。

「接下來，我該做什麼工作呢？」

這樣的思考，相信大多數的人一生當中都會經歷過幾次；尤其，對於一個沒背景、沒有高級專業證照、過去工作內容又偏向勞動服務業（雖然常常與不同的人互動交流），但又沒

有真正的一技之長的人來說，找工作總是令人焦慮。但既然我都己經認知到必須要跳脫原本的框架時，改變是勢在必行的！

這時我發現：「業務」的工作，似乎是一個比較沒有門檻，也不那麼遙不可及的選擇。

當然，每個人都有各自必須進步、追求更好的自己的理由。說起來感覺官腔，但卻是事實。有人是為了家計打算，有人為了自我證明，有的人只是想多賺一點……不管原因為何，想成為一個更好、更有能力的人，總不是一件壞事吧？更何況已有破釜沉舟的決心，不論做什麼，或選擇什麼行業，哪裡還擔心會失敗的呢！

所以，若是有人曾經跟你說：「喂，我覺得你很適合做業務欸！」請你相信他說的事實，因為世界上的人不會無來由的稱讚；如果他是在挖角你，那也恭喜你，一定有優點被看到了。

天下業務百百種，輾轉接觸到保險業的過程，必須感謝在澳洲打工度假時認識的台灣朋友，不僅給我意見，還願意伸出手，帶著我認識、了解什麼是「業務工作」。我相信無論是哪種產業類別的業務，大部分的基本功都一樣，銷售行為皆發生在買賣雙方都要你情我願的狀況下，所以不管是賣什麼，應該都只要把「人」做好了，那就對了。於是，我沒有花太多時間考慮便投入保險業務的工作。

時間不等人，既然有了起心動念，何不就快點行動呢！

離開了近十年的產業，換到全新未知的領域，不要說自己會緊張，身邊的人當然也是滿頭問號。先不說支持或是反對，畢竟我一直以來都活得很隨心，凡事都先斬後奏，也不太在乎大家的看法，但是我必須開始想辦法來證明，這不是一個錯誤的選擇。

傳統的保險業，難免會帶給人不好的印象（難免有人仍存著舊有印象，或是可能曾經有不太好的被推銷經驗），所以，身邊很多人有疑問，像我這樣失控、自我意識又強的人，怎麼會去從事這感覺傳統又保守的行業？但我只是基於我認同的一個理念：購買東西是一個感性的過程伴隨著理性的判斷。所以我也一直告訴自己，必須堅持初心、保持創新，維持保有自己原本的個性，而不是成為一個別人眼中典型的「保險業務」；我努力在工作上認真，傳達保險的重要性跟幫助，以及理財跟財商的觀念有多重要！況且，保險只是我身為人的其中一部分，不是全部；我還是那個有趣的我，不只是個賣保險的！

想在工作上有表現，也不失去人際關係，要在兩者之間找到平衡，其實對一個業務新人來說是很難的。我知道，沒有人會跟不喜歡的人買東西吧！所以我告誡自己：「千萬不要成了業務，失了朋友。」

一轉眼，進富邦人壽已有四年時間，目前的成果雖不敢說已功成名就，但卻是目前人生中有較高的成就感跟收穫的階段。真心要感謝家人、感謝支持的客戶、現在或曾經的夥伴，還有很努力的自己，無論是年年晉升的過程，或是每年達成國際獎項的時刻，都能感受得到、甚至看得到自己能力上的成長和進步。如今有幸帶領一群跟自己志同道合的夥伴繼續向上前進，我一直堅持著：「不能只有我，團隊裡的每個人都要有發光發熱的時刻。」只要一同朝目標前進，每個人一都能有一片閃亮的未來。

（對於自己的改變，我很滿意，
卻不自滿，仍需持續努力。）

當機會出現時，勇氣要跟上

從打工到畢業出社會，不論在任何公司，我從來都不是「聽話照做」乖乖牌類型的員工；過往的工作經驗裡，我很

清楚自己的自我意識有多強烈，說好聽一點叫「有想法」，實際上根本是「不受控」，對於主管的指令永遠都有一套自我意識，所以，吃過很多虧，也冒犯不少人。多年下來，雖然被社會教化了不少，但心中那個反骨的我，不曾消失過。

從小我的性格就愛反抗，是個不受教又不聽話的孩子，一直到長大後才體悟到：若是能在制式的環境裡加入自我風格的特色、創意，才不會只流於給人「反骨」的負面感受，也才會讓人正向的看「我」這個人，而印象深刻。

要說起我最大的改變，應該是，當我遇到困難挫折時候的心態吧！不能否認的，過去的我一旦遇到不順遂，便會怨天尤人、抱怨連連，直到我進入保險業，我從內心有了很大的改變。

大部分的人對於保險業的印象就是：每天早上一群人聚在一起，積極的、樂觀的，甚至很誇張的喊著勵志口號：「加油，你可以的！你做得到的！！」但對我而言，所謂的正向力量是內斂的，是面對挫折的勇氣，是解決問題的能力。大部分的人在遇到困難或不想處理的問題時，總是逃避、先擺在一邊再說，殊不知，反而會讓問題越滾越大，大到最後難以收拾。

在我進入保險業之初，每當我遇到困難時，可能也會有各種怪罪、找人生氣，不論是遇到被拒絕，或是已經簽下來

的案件被改變心意，甚至在晉升的過程中困難重重……在每次的挫折中，我學到了這些負面情緒對於處理事情完全沒幫助，畢竟客戶有選擇的權利，而身為業務的我們也不可能情勒客戶簽約吧！只有冷靜分析、思考下一步該怎麼做才能解決問題，進度也才會被推進。

隨著經驗的累積也更加理解，想要解決問題與其被恐懼的情緒給淹沒而想要逃避，不如在一開始發生的瞬間就正面對決、冷靜思考處理。在培養了這樣的能力之後，不僅幫助了自己，也讓我在帶領團隊時，能快速幫助夥伴釐清問題，並有邏輯的構思計畫，清楚明確的知道執行步驟，迅速有效的執行。如此一來，才能幫助夥伴學習與成長。

我選擇保險業務工作，不是因為這是天下最棒的工作，而是知道它讓人有翻身的機會；同時也可以讓自己成為一個對身邊的人能有幫助、能產生價值的人。有人說「生活比工作重要」，我也認同！但想一想，生活品質需要靠工作維持，工作收入也影響著生活品質，若是工作的付出與回報不成正比，心情怎麼能平衡，生活又怎麼會快樂？尤其，傳統的時代已經過去了，以往「萬般唯有讀書高」的觀念，早已被「行行出狀元」取代，看看身邊的人，有多少人被目前的薪水綁架，深怕自己換了工作，薪水比現在低，該怎麼辦；又有多少人是被長輩的壓力阻擋，說這個詐騙、那個工作不穩定；

有的則是被同儕影響，看別人過得輕鬆也只想選光鮮亮麗又輕鬆的工作……於是仍固步自封、原地踏步。所以，我選擇無懼的改變，因為我知道生命的豐富程度，是靠自己的勇氣跟努力在後面支撐的。

很慶幸在從事業務工作的這四年間，幫自己買了第一台新車，同時擁有屬於自己的房子。坦白說，若回到四年前問我：「有沒有買房子的打算？」我的回答肯定是：「哪有可能？」這是我連想都不敢想的事；當然，這也不是一開始我當業務的目標，但這些卻都是伴隨著成就感而來的實際價值。

我一直覺得，能力的成長必定伴隨著收入的成長，說起來冠冕堂皇但卻極度現實！謝謝努力的自己，讓我有能力去付出更多，給自己、給家人，有能力自在的做想做的事，甚至回饋培育我長大的餐飲業，還能有餘力去幫助社會上需要的人。你呢，機會出現時，勇氣有跟上嗎？

讓人生發熱發光

這幾年下來，每一次上台領獎都讓我感到激動，不僅表示業績的自我突破，年年晉升的榮譽感，更讓我明白這幾年我專注在保險事業上，老天沒有虧待我，祂用成績持續肯定

我的努力、讓我成長，雖然背後的辛酸血淚也不少，可只要熬過去，留下來的都是令人驕傲與開心滿足的回憶；同時也讓我領悟到一個真理：物以類聚，不管是工作環境或是交友圈，能夠抬頭往上看、向上學習，才能有更多的進步空間與更多的可能性。

如今，我也組建了自己的團隊，和夥伴一起努力奮鬥，看到大家積極地在追尋人生目標，我更沒有停下腳步的理由；每個人都值得擁有讓人生發光發熱的機會，有夥伴一起結伴同行，這條路就比較不孤單。人，不進則退，謝謝你們讓我現今走得每一步都更踏實，就讓我們繼續前進，翻轉人生，相信我可以，你也可以！

我平常不是一個把「感謝」常掛在嘴邊的人，但一路走來，打從心底感謝支持我的客戶、家人還有好朋友；尤其，當遇過挫折，能留下在身邊的更是經過淬煉的真朋友，我覺得很幸福！我永遠記得在我還是個菜鳥業務時，願意聽我說話，甚至給我機會的長輩；在我每次追國際獎項壓力大到不行時，聽我訴苦的朋友；甚至在每當離目標只差一小段距離、最後願意推我一把的叔叔阿姨跟所有客戶……我真的都一一銘記在心，衷心感謝！當然最要感謝的是，讓我能在壽險事業這個領域有所發揮，當初引我進門的好朋友滴滴，若不是你，我現在不知道在哪裡掙扎？還有影響我最深的陳怡潔處

經理和鄭至凱經理，教會我清楚勾勒人生方向目標，知道該做什麼對的事……這份事業教會我：不僅止於銷售保險，而是更深遠的待人處事、追求卓越及享受人生。最後，要謝謝我媽媽，從小到大給予我無限大的空間去發揮，讓我隨心的當個不受控的人，希望我沒有讓妳失望；玩好了，我還是會回家的！

雖然「保險業務」不是我從小到大曾有過的人生目標，也萬萬沒想到能在這個平台上讓在乎我的人見證我的成長，我覺得非常有價值，未來還有好多要做的目標與計劃，我會繼續加油、努力；我的人生未完待續～～

（得獎榮耀時刻，與媽媽合影。）

作者/簡介

About

廖明珠

學歷

國立臺北大學合作經濟學系畢業

經歷

IARFC 國際認證財務顧問師
MDRT 美國百萬圓桌協會會員
國立臺北大學金融系系學會理財課程諮詢顧問
實踐樂齡大學法律與人生系列課程講師
國立台灣戲曲學院資產傳承系列課程講師
中華益師益友協會會擴長（2017 年）
奇想培訓公司特約講師
富邦人壽業務襄理

從只想活在當下、追求快樂與夢想的單純小女孩，到現在集國際認證財務顧問師、財稅主題課程講師、資深保險業務主管三個身份於一身，每一個轉變與考驗，都是豐富人生的契機！感恩與珍惜自己的過去，也期待無法預知卻同時充滿希望的未來！

6 沒有穩定的飯碗，只有穩定的能力

沒有穩定的飯碗，只有穩定的能力

回想自己年輕時勇敢離開舒適圈的兩個經驗，到現在還是充滿感謝。感謝父母願意支持我、給我自由選擇的空間；感謝每個環境帶給我的歷練與成長；感謝自己敢於突破的勇氣與魄力。

我的鐵飯碗

在傳統軍公教家庭長大的我，從小就被教導要做一個不強出頭的乖乖牌，一輩子安全穩定是最好的生活模式……也因此，我的確擁有過一個鐵飯碗跟一個金飯碗。

要取得鐵飯碗的代價真不小！在花樣年華的少女時期，妳得將漂亮的及肩長髮剪到只剩耳上三公分，每天烈日下出操、磨練體能……當最苦的那一個半月入伍訓練結束時，我照照鏡子，一度以為自己變成印度小男孩了！但看看手臂上明顯的二頭肌線條，第一次，我看到自己另一種健康強壯的樣貌，雖不像一般小女生該有的天真浪漫的美麗模樣，卻閃耀著另一種光輝與帥氣！

正式結束部隊訓練，我帶著崇高的軍人情懷下部隊，第一次發現理論跟實務的落差。原來部隊裡的壓力不一定來自於體能或是什麼艱困的任務，而是在於永遠必須上緊的發條、為了保持警戒而放棄的自由休閒時間，或者是多如牛毛的安全保防規定造成的生活枷鎖，甚至是壁壘分明的階級制度下，逼迫你對自我意識的放棄……這個鐵飯碗很沉重，我得要好費力、用力的捧住它；但它也很堅固，你不會輕易被辭退、不會隨便減薪，重點是：你四十幾歲就可以擁有源源不絕的終身俸……不僅可以比同齡的朋友們提早二十年退休，還不用擔心生活經濟呢！

（部隊受訓時的記錄！看得出來，哪一個是我嗎？）

舒適圈之所以舒適，是因為你不需要花太多力氣與時間，就可以安全穩定的生活在這裡；不需要面對更多挫折來提升自己；也不需要花力氣適應更多變化，一切都是那麼的習慣與輕鬆，人生就這樣順遂的走下去有什麼不好？

只是，在舒適圈裡看不到自己的可能性，如果我有很多夢想，卻不去追求、不去實踐，要怎麼驗證自己的觀點是對是錯？怎麼能知道自己能走多遠呢？如果我不願意打破現狀，又怎麼能期待更好、更不一樣的人生發展呢？

當心裡產生這麼多的問號之後，我決定打破我的鐵飯碗！

即使我知道退伍後會失去經濟後援、需要重新進修加入這個社會的競爭，甚至失去穩定的退休俸……但靈魂深處想衝刺目標、想探索這個世界的渴望，還是給了我莫大的勇氣與力量，離開適應已久的部隊舒適圈。走吧！就是現在！我相信，有捨才會有得，我有好多好多想做的事呢！迎接我的定是更自由的發揮空間，不管是實質上或心靈層面，我定能有所收穫的。

當我下定決心之後，頓時，我覺得整個世界都亮了起來！

等等。你一定想問，我的父母對於我這個決定，一定反對至極吧？！

講到這裡，真的很感謝上帝給我一對很開明的父母。雖然他們都希望我有穩定的生活，但我的快樂對他們來說，卻更為重要！所以即使對我的決定也有些不安，但還是很支持我的！在此，我也要深深的感謝父母親給我的空間與尊重。

掙得一個金飯碗

退伍後，我立即進入國立臺北大學合作經濟學系（現已改系名為「金融與合作經營學系」）重新進修。在完成學業後，隨即在金融領域歷練與發揮所學。經過努力的準備與爭

取，我順利的通過銀行嚴格的三關筆試及口試，成為外匯部門的正式員工，這又是另外一份符合父母期待的理想工作。因為銀行金飯碗就是工作穩定、內容單純、聽起來形象也不錯的一個職業；每天只要做著同樣的幾個機械性動作，重複八小時，一天很快就過去了……有閒暇時間的話，還可以跟同事聊聊天、團購或者八卦主管，幾乎每天都在歡笑聲中渡過，也是個相當穩定的環境。

（經過層層考驗，終於成為銀行正式行員。）

然而，學校教的專業理論跟實務在工作線上的操作，落差實在太大了！明明我腦袋裡裝了這麼多的金融知識，為什麼卻來這裡每天蓋印章、數鈔票呢？我想要更大幅度的運用所學，我想要做更多的事啊！

如果問：「台灣的老年化、少子化，以及社會保險的退休制度出問題，是從什麼時候開始的？」

相信很多人可能覺得是近幾年才感受比較深！

錯了，早在 20 年前就已經開始了！

我怎麼知道？？

因為那就是我離開銀行的時間點跟原因；我想將我的所學發揮更大的影響力。這絕對不是唱高調，我希望腦袋裡的知識可以更具體的貢獻社會，所以我選擇了老年化、少子化、各項退休金都將破產的趨勢下最重要的金融工具：保險！

於是，我頭也不回的捨棄了許多人稱羨的銀行行員工作，毫不留戀地丟了我的金飯碗，加入了保險業的行列。

打造一個最保險的飯碗

保險學在我唸的經濟學系是必修課程，因為保險制度本身就是一種重要的合作經濟類型。

「保險」的起源有個故事！

在中世紀時的英國小漁村，有許多家庭裡的爸爸出去捕魚，時常被大海吞噬，沒了生命，留下許多孤苦無依的孤兒寡母，因此，漁夫家庭就聯合起來籌組了一個急難基金，只要有哪一家的爸爸又出事了，急難基金就用來補貼這個家庭的生活費。這就是最初的保險合作制度。也就是當資金不足時，可以集眾人之力的小錢來分攤風險，這就是保險制度最聰明且最重要的功能！明明立意良善，我實在不理解，以前的阿姨、叔叔前輩們是怎麼經營保險事業的？為什麼我一說要從事保險業，爸媽反對、同學唱衰，竟還有人開始不敢跟我互動、說話？原因都歸咎於：「我之前遇到的一個保險業務，都這樣……那樣的……」形象都很負面。

剛開始在保險業學習時，左手拿著財務安全規劃的三角模型、右手拿著密密麻麻的保單條款，每天認真的研究與學習其中的專業，再結合時下趨勢，就是滿腔熱血期待著想要去跟周遭的客戶朋友分享，希望透過自己的專長，能幫大家規劃一個在經濟上擁有更安全穩定的未來。當然，並不是一

開始學習就順風順水，經過一段時間的努力，我逐漸讓大家認識我的服務價值、肯定我的做事心態，漸漸地，原來反對我的親友們，不再把我跟以前不好的投保經驗相提並論，我終於扭轉了他們對保險業的曲解。

在保險業熱血的衝創了 18 年，我發現：所有的精彩舞台都是在挑戰及困難中開展出來的；從乖乖牌到專業的業務人員，每一句口條、每一個動作，甚至思維，都得經過很大的努力與調適，才能蛻變到今天這個稱職的樣貌。我每天見不同的客戶、有不同的生活經驗交流、聽不同的人生故事……除了充實自己之外，每天還能跟老公分享著我的所見所聞，無形中竟也充實、活潑了我們的婚姻生活，這都是始料未及的事……更遑論多采多姿的公司獎勵與活動，讓我們可以邊玩邊工作，既踏實又開心！

我要感謝所有的客戶，因為他們的信任與支持，讓我從一個生澀的小小業務，到現在客戶不斷地轉介紹客戶，不僅讓我奠定良好的基礎，還能一直穩健的走到今天這個位置；也感謝自己年輕時的勇氣與膽識，敢突破也敢對未來負責的態度，讓我有正確的思維，當初並不是脫離舒適圈，而是隨著能力及不同經驗的增加，打造並擴大了自己的舒適圈！

看看現在飛快進展的科技，每三五年之間就有一個突破性的大變革，以前我的志願是當老師，現在少子化的年代，誰還會再羨慕老師的生活？

以前父母最信賴的軍公教鐵飯碗，在年金改革之後，除了上街頭抗議外，要如何維持固有的穩定性？

漂亮的銀行金飯碗，在現今 AI 技術日新月異的發展下，誰能說自己的工作永遠存在？

就連我們保險業，在網路投保或其他金融機構的通路競爭下，如果不保持求新求變的態度，如何確保自己的未來？

所以，哪裡有穩定的飯碗？只有經過你努力成長突破之後，**擁有「穩定的能力」打造出來的飯碗，才最保險！**

成功的兩大原則

在從事保險業的這一路上，說沒有挫折是騙人的！但因為我一開始就意志堅定、目標明確，即使遇到困境，我仍秉持著兩大做事原則：「講究細節」與「專注解決核心問題」，幾乎沒有衝不過的難關。

◎ 講究細節

很多人覺得細節跟速度，是站在對立面的兩件事情。但與其說重視細節就要放棄速度，我更喜歡說：「重視細節，但要提升『效率』！」

曾經聽過一個故事：

餐廳有兩個服務員甲跟乙，兩人因家境清寒，不得不努力打工來賺錢貼補家用。通常在收拾菸灰缸的時候，甲的動作很快，一把就拿走，結果常常搞得菸灰飄起來，甚至有時候還會飄到客人的水杯或是碗裡，很不衛生。但甲認為，他還有很多其他工作要做，必須要這麼趕時間，顧不得什麼品質了。那麼乙呢？乙觀察到收菸灰缸時，一個不小心就很容易導致菸灰揚起，很不衛生，所以他每次收菸灰缸的時候，都會先將新的菸灰缸蓋在髒的那個上面，小心翼翼的將髒的那一個放回手上的托盤內，再將乾淨的菸煙缸留給客人使用。一個晚上的服務時段結束了，只見甲匆忙的趕去下一個上班的地方，去賺更多的錢貼補家用；而乙呢，則因為整個時段用心服務的累積，手上有了比基本薪水更多的小費，所以他反而不需要這麼累，就可以賺到跟甲兩三份工作一樣的收入！

所以，講究細節，有時候不但不會拖慢你的成功速度，反而會帶給你很大的加乘效果喔！

在我的工作領域裡，運用這個原則的地方太多了！

有一次我教導團隊夥伴：「我們的工作重點，不只是說服客戶成交一張保單，若你能做到『了解客戶最在意、最深層的問題，甚至比客戶還了解他自己的盲點在哪裡，並且提供精準解決他們困擾的建議』，那麼對客戶來說，光是接受我們服務的歷程就是非常有價值的一件事！更何況是為了執行人生目標而規劃的保單呢？」

「那我要如何了解客戶的想法？他又不會直接跟我說。」夥伴問我。

「客戶的想法都潛藏在他微小的反應與話語中，很多時候，不講話也是一種表達！所以，在與客戶對談時，多數時候我們要專注的地方不是我想講什麼，而是客戶現在在意的是什麼？所有的答案都在細節裡，客戶的一個微笑或者一次的皺眉，都在回答你……但是你收到了嗎？」

還有一次，有一個客戶打電話給我，說銀行推薦了一個報酬率不錯的保單，問我有沒有一樣的？他想聽聽我這邊的方案內容。

到了約定好的時間，我帶著準備好的資料出現。一見面，我光是「打開電腦」的這個動作，就讓他超級震驚；他立刻直挺挺的坐直他的背準備聽我簡報，態度跟我們一見面時的

輕率大相逕庭。我很好奇，就問他反應怎麼這麼大？原來，銀行行員在跟他討論理財方案時，只拿了一枝筆在兩張紙上隨意的畫來畫去說明……我的方式，讓他覺得我很重視與他的會談，比起銀行的態度好太多太多了！

透過我為他個人量身打造的 20 張專屬簡報，讓他更了解自己在目前人生階段的理財重點是什麼？該做什麼樣的資產配置決策，可以為家庭或人生帶來什麼樣的新格局……最後，當然很順利的協助客戶完成這次的理財規劃。

成功，藏在細節裡！

◎ 專注解決核心問題

一直以來，我都持續的在各大專院校講授與理財有關的相關課程，近幾年也開始在很多銀髮機構開設熟齡理財的主題，將自己的專業跟銀髮族們分享。也因此能聽到許多長輩們的人生故事，深深感動於上一代對我們這一輩年輕人的照顧與付出，但又對於兩代甚至三代之間，因為彼此時代背景或價值觀的不同所造成的代溝感到惋惜。有鑑於此，想幫忙解決問題的使命感又浮現了！

（樂齡授課實況。）

為了更正確的執行各個不同人生階段的客戶財務目標，我覺得單純的保險專業已經不敷使用，所以很認真地唸書，想取得「IARFC 國際認證財務顧問師」的執照。雖然全方位理財、總經與投資組合管理、財稅規劃、退休規劃與風險管理、法律實務與信託規劃這五個科目，只要 70 分以上就可以通過，但我認為證照考過了，不是掛在那裡當頭銜而已，而是要能在未來真正能用上、能提供精確的專業服務，所以我以更嚴格的標準：財稅規劃滿分，其餘科目平均 95 分以上的成績，更高標地取得這張證照；也持續透過演講授課及實際接觸更多普羅大眾，更深度的瞭解目前社會上的財務議題以及我可以貢獻所長的地方。

做了這麼多的努力，最重要的原因就是希望客戶花的任何一筆錢、買的任何一張保單，都源自於對人生的期待和對家庭的責任與愛，所以當客戶不願意接受我們的建議時，不該只是聽到客戶回答說：「我沒有錢」或「我不需要」……

這些很表面的原因，而是該往更核心的地方去思考：「以他目前的背景來說，最應該重視的到底是什麼？」「我的建議真的解決了客戶擔心的事嗎？」……所以，專注於核心問題的解決，才能更有效率地與你服務的對象溝通、取得共識！

在過程中講究細節，不是要你在枝微末節上浪費時間，也不是對自己的表現吹毛求疵，而是聚焦在重點議題上，更全面有效的掌握其中關鍵，提供嚴謹的金融服務！

一直以來，我仍堅持以這兩項原則專注的服務每一位客戶、每一份保單，而且我相信：只要用心，客戶絕對能感受到你的真心；成功，也絕不會辜負你。

7 放手一搏，錯，也不算什麼

作者 About 簡介

劉祥洲

學歷

紐西蘭奧克蘭大學視覺藝術系畢業
（奧克蘭大學學士 Visual Art）

經歷

廣告攝影師
金融保險業

原本在國外擔任廣告攝影師，26 歲回台工作，30 歲轉戰金融保險業；2019 年到 2021 年連續三年的通訊處業績第一名！
四年的時間，從一個完全不懂保險和不會理財的人，變成了擁有各項理財和保險證照，並每年獲得國際 MDRT 會員等指標獎項。
我一直相信，人生的道路通向何處，很多時候都取決於我們的選擇。我很感謝當年的自己願意勇敢的放手一搏，讓生活擁有了更多選擇。

放手一搏，錯，也不算什麼

圓夢須付出代價

收到出書邀約時，除了深感榮幸之外，也讓我多了些時間沉澱思緒，回顧這幾年所面臨的許多選擇，以及加入保險產業的契機。

小時候，我總認為能夠自由的選擇想做的和不想做的，是一件很幸福的事。隨著年紀漸長，卻發現自己能做的選擇越來越少，無論是經濟狀況或生涯規劃都陷入了一片迷惘，好像做什麼都可以、彷彿什麼事情都觸手可及……直到一場意外發生後，才發現自己什麼都沒有。

我自單親家庭長大，從小就被送出國唸書，身為小留學生的我，連被送出國求學，幾乎都是住在學校宿舍或是寄養家庭，直到後來租屋自住，也都不是我的家……這讓我強烈地想找一個有歸屬感的地方。

（我的小留生生活記錄。）

回到台灣，我的第一份工作是在免稅店賣精品，當時和三位同事們住在員工宿舍裡，房租雖然很便宜，但宿舍沒有獨立的隔間，四個人共用一室、分成兩個上下鋪，每天排班、上下班都在一起，連吃住也都由公司提供，因此存了一點錢。

那個時候，我的月薪在外人看來應該算不錯，平均四、五萬，業績好的時候，偶爾可以達到五、六萬，但我的內心卻是迷惘又恐慌。看著宿舍的同事們，尤其是比我早進公司的學長姐，他們比我年長十幾歲，卻總是在重複同樣的生活

和工作模式，收入穩定卻沒有成長……這一成不變的日子，不是我想追求的人生。

我一直有個夢想：想要擁有一個真正屬於自己的窩。於是在朋友的介紹下，我咬牙用存下的第一桶金買下了一間小房子。然而，買房容易養房難，面對八百萬的貸款壓力，以及買房後產生的額外支出，例如：房屋管理費、水電費、修繕費、地價稅、房屋稅等等，讓每個月平均薪資只有四萬多的我，開始入不敷出，存款一瞬間就空了。接連幾個月，被這些帳單壓力壓得心很慌，我開始認真思考也清楚知道：要替自己的夢想買單，就勢必要找一份收入更高的工作，否則，不用多久，房貸一定會繳不出來。

28歲的我根本沒有任何理財觀念，只能想到先「開源」。我原本的計畫很簡單：一邊持續做精品銷售，閒暇時間，再善用求學時的攝影專業，零星地接攝影案子，等案子穩定了、有錢了，再開攝影工作室。

「但遠水救不了近火，真要這樣做的話，會不會兩頭都落空？」我心裡一直糾結著。

正當我心煩意亂的時候，一位朋友跟我說：「你有沒有想過，攝影師這份工作，從個人接案到成立工作室，甚至再大一點成立攝影公司，每天一睜開眼，公司就在燒錢，像是店租、水電費等等，這些都是支出！但若有一份工作，在創

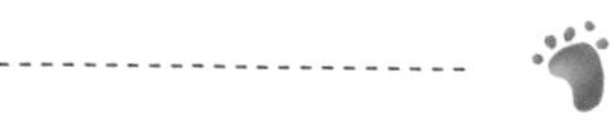

業初期不用承擔資金風險，還能夠提供你需要的資源，未來在你有了員工之後，也能提供這些制度和資源給他們，你會想來試試嗎？」

「怎麼可能會有這種工作，難道是去做直銷？」我苦笑地反問。

「不是直銷啦，是金融保險產業；這個產業可以幫助你學習如何做正確的理財和基本的風險規劃，一輩子對你都受用。如果你做了以後不喜歡，再回到自己原本熟悉的產業也可以。」朋友一本正經地跟我分析。

「如果你做了以後不喜歡，再回到自己原本熟悉的產業也可以。」這句話打動了我，也讓一向排斥保險業的我，開始認真思考這份工作的價值：我確實可以在金融保險產業學到如何理財，替自己規劃一份保險；更重要的是：若做得好，定能大幅的減緩房貸壓力。

於是，我決定正式踏入金融保險業！

我，真的做得到？！

我把這個決定告訴了父親，沒想到，從事教育工作的父親卻非常反對，他說：「花了這麼多錢送你出國讀書，結果你回來後居然告訴我想做保險！你從來沒有業務的經驗，你真的能做到嗎？」

父親的一席話，讓我既委屈又受傷；一方面我覺得自己沒有做錯什麼，另一方面似乎又愧對父親的栽培……但我沒能傷心太久，畢竟房貸的壓力將接踵而至，我必須快速振作起來，對自己的人生和選擇負責呀！

（人生是自己的，若是你也遇到有想做的事情，但身邊的人不支持，那麼請勇敢一點，無論做什麼選擇，自己的人生自己負責！）

父親反對的聲音，在我後來於金融保險業擁有了一點小小的成績後，又有了不同的體悟。當時我把問題的癥結點放在「父親的話讓我內心受傷」，然而真正的問題卻是：「我沒有辦法在父親提出質疑後，給出肯定的答案。」

「你從來沒有業務的經驗，你真的能做到嗎？」

這個問題對當時還是個保險菜鳥的我來說，確實是一個無法回答的現實問題，我也在質疑我自己，我害怕做不到，所以才會感到不安、迷惘。

然而，人生遇到的所有問題，都不是因為會了才要去做，而是因為做了才會；不是因為成長了才學會承擔，而是因為開始承擔了才成長。當我們面對質疑和反對的聲浪時，請先堅定自己的心，確認自己想要的，設定未來兩三年的目標，然後義無反顧地朝理想去努力。

人生，若是因對未知充滿恐懼，而顧忌太多、躊躇不前，可能就會錯失許多改變良機；當你感覺不確定、信念搖擺的時候，多看看、多想想支持你的那些人，就能幫助你更加堅定信念。至今，我都還記得當時一位學長對我說的話。他當時跟我一樣從紐西蘭回到台灣發展，他鼓勵我：「當業務沒有不好啊，你剛從台灣回來沒幾年，可以透過業務認識更多朋友，而且學到投資理財的方法，到時候也可以分享給我呀！」

果然，後來學長也陸陸續續在我的推薦下買了長照、醫療、儲蓄等保單，成為我最優質的客戶之一。

我認為保險業務最辛苦難熬的是第一年，畢竟身為菜鳥專業度不夠、客戶量不夠，很難得到客戶的信任。就拿我學長的案例來說，雖然我們相識超過十年，但他跟我買第一張長照保單的時候也遇到了身邊家人們的反對，即便我把所有的功課都做足了也沒用。

學長家人們反對的理由是：「小洲才剛開始做保險，會不會做了兩、三個月撐不下去，你的長照險就變成孤兒保單了？」

我想，這是每位剛入行的保險業務最常遇到的狀況吧！

當時的我很幸運，學長說：「就是因為剛入行才需要支持啊，如果這個時候不幫他，撐不下去再幫忙有什麼用？」

入行半年後，我終於簽下了學長的長照保單，心中除了感謝之外，還有一個想法：客戶願意簽保單一定是有所需求，然而可以滿足需求的業務和險種太多了，想要完成實際簽約，就必須培養自身的專業性以及客戶的信賴感。

信賴感需要時間去培養，需要站在客戶的角度替他們想。

於是第一年，我替自己設定的目標是：貪多嚼不爛，我要先把長照保單研究到連專家都考不倒的程度，再轉攻下一個保險類別。

這個決定讓我入行一年後，順利的成為長照險種領域的專家，也連帶讓連學長的家人願意信任我的專業能力，並和我進一步的討論保險、財務規劃的相關問題，進而成為了我的客戶。

用計劃打造出百萬年薪

入行第二年，我替自己設定的目標是：年收入破百萬！

要達到這個目標，必須要有足夠的客戶量，這讓「時間分配」成了一門大學問。畢竟金融產業的變化很快，我們不僅要掌握新資訊才能替客戶提供最完善的規劃，也要必須拜訪足夠的客戶才能讓業績達標，不然腦袋裝再多的知識也無用武之地。

剛入行時，我身為菜鳥，不容易找到新的客戶，再加上從小在國外讀書，台灣的人脈有限、父母又不支持我做保險……我嘗試了幾種常見的陌生開發，例如：發傳單、校園招募、填問券等，但這些努力，也讓我遇到了在保險產業裡的第一個挫折。我永遠記得剛入行的那一年冬天，在寒風刺骨的街上足足做了 5 個小時的行銷問卷，結果只換來三張的有效問卷……當時真的很想放棄啊！但這些辛苦也不全然是沒有收獲，這讓我意識到：不是自己不夠專業，也不是服務不好，而是我的朋友本來就不多，再加上他們根本不知道我的工作和服務內容，我逕自一股腦地不斷作陌生開發，實在是本末倒置，難怪徒勞無功。

想通了之後，我開始改變方式，轉個方向去努力並大膽的告訴身邊朋友，我在做金融保險業，如果有任何保險相關問題，不論是理賠相關或是原來的保險業務已經轉職，怕自

己保單變成孤兒保單等等的問題，我都很願意免費為他們服務。當然，我不是一次性的丟個 LINE 複製貼上給所有的通訊名單，而是從最不熟的朋友開始約出來見面，聯繫感情的同時，也練習口條以及強化被拒絕的勇氣。

「被拒絕」已是家常便飯，但通過這些被拒絕的經驗，我學會了更自然的開啟話題、更認真的傾聽朋友需求，等到把交情深的朋友約出來時，我也相對變得更專業，避免過早地消耗自己的人脈，也讓成功的機會變得更高。在此同時，我也強迫自己想辦法認識一些新朋友，例如：參加喜歡的社團、加入運動團體和旅行活動，出發點都不是想要成交保單，而是抱著「如何幫助更多周圍的朋友」。一旦心態正確了，我變得比較敢跟朋友聊保險，服務做得好、自然口碑也好……慢慢地就有朋友「主動」願意和我討論、規劃保單，甚至還會幫忙轉介家人和好友讓我認識。

於是，入行的第二年，我照計劃地完成了年薪百萬的目標！

回顧這個階段，我發現能如期的達成目標，「時間的分配」以及「每天拜訪足夠的客戶量」是關鍵。

這幾年，我每天的時間規劃／行程：

早上 6:00 起床、準備上班
8:30 公司處理文件
9:30 例行早會
11:00 討論保險 case

下午 1:00 拜訪客戶 1
3:00 拜訪客戶 2
6:00 開發客戶時間

晚上 10:00 文書時間
12:00 休息時間

新人時期要學得東西真的很多，為了避免樣樣都學，但最後樣樣都不精的結果，在這裡也分享個人的經驗：建議先專攻一兩個自己喜歡和認同的金融商品，再透過聊天分享給有需求的客戶或朋友，把一個區塊學到專精了，再往下一個區塊學習。舉例來說：我奶奶在晚年時罹患了帕金森氏症，生病的人日常開銷很大，除了醫藥費、生活費、照護費，還

有各式各樣的生理用品，支出之大，是健康的人沒有辦法想像的。這讓我意識到長期照護的問題：需要被照顧的人，每個月都應該要有穩定的金流，足以維持被照顧的生活品質和減少家裡的負擔。所以剛入行的我，一開始專攻和推廣長期照護，協助朋友規劃和預防相關問題；也靠著推廣長照議題的相關保單，讓入行二年的我，拿到通訊處年度業績第一名的好成績。

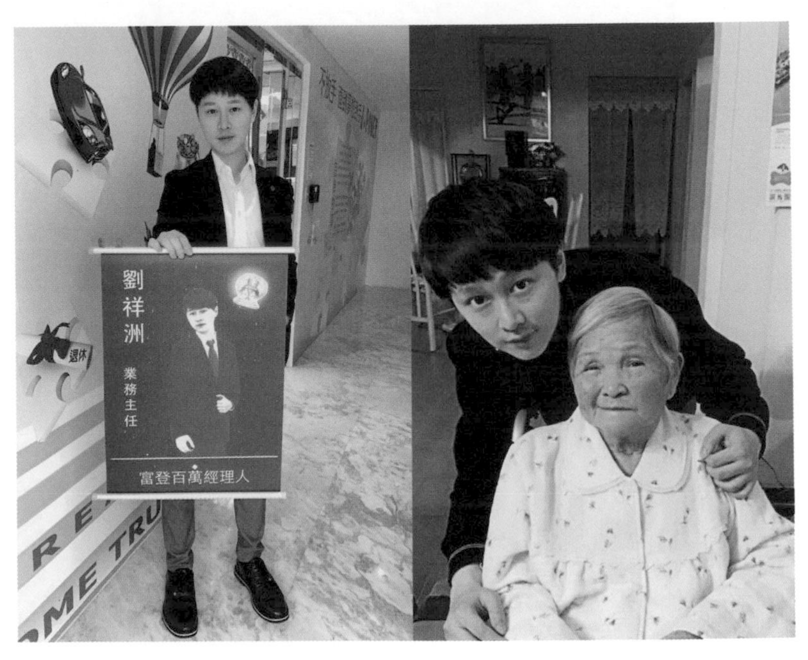

（入行兩年，鑽研長照議題保單，不僅讓奶奶受到良好照顧，也順利完成了年薪百萬的目標。）

團隊力量跑得更快

入行兩、三年之後，除了完成百萬年薪計劃，我逐漸取得更好的一些成績。薪水雖比以前做精品業務的時候高了一倍，但薪資收入與保險業的前輩們比起來，還是有差距的。我觀察到許多前輩們，在工作的同時，還能兼顧家庭和生活品質，不像我，總是埋首在工作裡，幾乎沒有自己的時間。這也讓我開始思考「組建團隊」的必要。

於是入行第三年，我設下的目標是：開始組建團隊。

然而，這是需要付出更多的時間做教育訓練以及更多元的人脈經營，才能找到適合的夥伴。

以前在國外工作時，特別喜歡團隊合作的氣氛，我希望能找到一群人為共同的理想和目標一起努力。但我發現，每位前輩的教學方式不同、時間也有限。若是能有一套系統化的訓練方式，輔助職場學長姐的經驗分享，相信對新人的培訓，一定有事半功倍的效果。有鑑於此，我們通訊處在這兩年創立了一個針對新人所開放的訓練班，專門花三個月的時間來做新人養成，不論是應具備的專業或是良好習慣，讓新人們可以一邊學習保險專業，一邊跟著帶領自己入行的學長姐們共同學習，加速成長。

看到這裡，也許您心中會疑惑：到底要怎麼生出落落長的招募名單？又要怎麼找到想嘗試保險工作的人呢？

前輩和主管們都會說，只要你夠勤奮、陌生開發的數量夠多，就會有一定的效果。但就我自身的經驗來看：我試過在路上做工作問卷、去校園尋找大四的學生徵才，甚至打流水編號的電話，都並沒有想像中的有效率……於是我轉向身邊年紀相仿的前同事和朋友們去拓展。有些老同事和我當年一樣，希望能賺更多的錢並對未來有所期待，卻不知道如何踏出改變的第一步，我就會和他們分享這幾年在金融保險業的成長與收獲，如此便更有機會找到志同道合的夥伴。所以比起隨機街訪或做工作問卷，我更喜歡在隨機認識的新朋友中，招募彼此欣賞、契合的朋友。

於是，我就用這樣的方式，漸漸地組建了一個自己的團隊，不僅能集思廣益服務更多人，同時也締造了不少佳績。寫到這裡，我真的發現自己改變了很多。有一次和當年在精品業從事銷售工作的學長姐們餐敘，有個學姐曾開玩笑說：「看到你這幾年的改變，我真的覺得你好努力好努力喔！換作是我，一定做不到；我覺得不努力可以比較輕鬆。」她說完後，全場哈哈大笑，我也笑了。其實，一切的努力，是因為我很了解自己不是一個能言善道、擅於交際，更不是一個特別聰明、腦筋動得快的人，甚至一開始接觸這個行業時，

連銀行轉帳要收手續費都不知道（汗）……我只有努力、更努力，才能讓一切改變。

改變，才有機會成功

就職富邦人壽已經滿四年了，我很感謝當年的自己，願意選擇一份沒有底薪的工作，勇敢的放手一搏，讓生活的選擇比以前多更多。

我們都很清楚：努力不一定會成功，不努力或許可以比較輕鬆；但所有的輕鬆都是要付出代價的！

人生的道路通往何處，很多時候都取決於我們的選擇。經過四年的時光，我還是原來的我，還是那個不擅言詞、很多事不懂、對許多事仍傻傻執著的我；但似乎也有些改變：面對專業變得更有信心，面對不足變得更加包容，面對挫折變得更加從容……

短短數千字的文章，無法說完截至目前為止的人生故事，那些家人的反對、開發客戶的挫折、超長的通勤問題、無底薪的工作……都被我輕描淡寫的帶過了。

因為走過以後，那些辛苦都能笑著說出來，都不算什麼了。

這幾年，我也才開始明白，家人當年的反對，不是反對

我做保險，而是怕我太辛苦或賺不到錢。在我做出一些成績之後，爸爸反而時常來關心我的業績呢！

至於當時我明明是為了希望能有更高的收入而欲轉職，卻為何會選擇沒有底薪的工作？應該是因為我想通了：既然未來是不可知的，與其計較人生的輸贏，不如逼著自己「不安於現狀」、為能擁有更好的人生而改變的決心吧！現在的我，已經不用再擔心有沒有底薪的問題，而是期待能不能透過自己的努力，讓收入再創新高。

這一路走來，最讓我感到驕傲的是：這四年我完成了所設定的目標；去年也達到保險生涯的一個重要里程碑—2019～2021年，連續三年的通訊處業績第一名。回想起剛進入金融保險業的時候，我的中文理解力差到光是閱讀一則條款都要花費超過十分鐘的時間，那些複雜的內容明明都是繁體字，但排列起來就是無法理解⋯⋯到現在，居然能有這樣的成績，我自己也始料未及。但未來的路還很長，努力還要再努力，期待未來能寫下更多的成長收獲與輝煌紀錄。

最後，謹以此文，將這些小小的榮耀分享給支持我的朋友、客戶，以及生命中的每一位貴人，謝謝你們給予的信任和機會，讓我可以摸索出一條專屬我自己的道路；更希望透過我的故事能激勵到每一位看到文章的你。放手一搏，錯，也不算什麼！

作者／
About
簡介

王浥芸

學歷

淡江大學公共行政系畢業

出生小康家庭，在大學畢業後，因為「選擇」，而改變了自己的一生，完成了曾以為不可能的事；並在家庭變故後，一路慢慢重拾自信。
三十歲以前，旅遊行腳遍佈北美洲、南美洲、歐洲、東北亞、東南亞，全以自由行的方式走遍世界各角落，並利用公司獎勵招待家人出國，讓媽媽能夠透過孩子的努力看世界，把大家口中的孝順，落實在最重要的家人身上。
「選擇比努力更重要！」保險業讓我的交友圈與接觸族群更多更廣，能與更多不同的客戶們、朋友們交流人生經歷，並相互陪伴與成長，共同過富足生活。

8 幸好不完美

幸好不完美

我的世界變了樣

「請問是王先生的太太嗎？你的先生在急救，目前不太樂觀，需要妳立刻前往醫院。」

嘟～的一聲，電話掛上了。懵懵懂懂的我們，被空氣中這股凝重的氣氛震懾的不發一語。不，不是不發一語，是一句話都說不出來，我們從大人的身上感覺到，好像有不好的事情發生了！當時我正值青春期，而弟弟才小學一年級。

九月的夜晚，薄霧瀰漫，在這連氣候都這麼不尋常的夜裡，媽媽帶著弟弟和我，趕往醫院。

車子停在醫院的門口，下車後我們直奔進醫院，門才一打開，迎面而來的是一陣的混亂，人聲吵嘈、醫護人員忙碌的奔走，我只記得最後聽到的機器設備的聲音：嘟～嘟～嘟～～嗶～～～畫面停格在這裡……

爸爸，離開了！換回來的是一面旗子。頃刻間，我親愛的爸爸，竟成了一個能把國旗蓋在身上作為離別禮的紅十字會英勇人士了！是作夢嗎？還是世界在跟我開玩笑？他應該只是去了很遠的地方旅行，有一天，他會再回來，會再用他的方式愛我們、守護著我們吧？那一天晚上的經歷，那麼強烈的不真實感！直到過了一段時日，我才真的撥開迷霧，看得更清楚，那一晚發生的事情都是真的，不是作夢，也不是想像。我和弟弟從原本的小康生活變成了單親家庭；我的人生也重新被寫過。

進入青少年時期的我很叛逆，什麼事都存著反抗心態，除了固執的個性使然，也因為爸爸的驟然離世，心中的悲傷、難過一直壓抑著；同時，家庭模式的改變，也讓我深感不平：「為什麼我和別人不一樣？」這些種種因素，讓我漸漸凡事不說、不溝通，一味的用「對立」挑戰媽媽的界限，但媽媽卻依然堅強的守護在我們身旁。記得有一次，我正值熱衷高中社團時期，那時進入了吉他社，覺得很新鮮，我也第一次在同儕裡找到了歸屬感。社團練習通常是在放學後的五點，大家會集合一起在操場上唱著同一首歌，「紅紅的花，開滿了木棉道……」對，「木棉道」這首歌，到現在我依然朗朗上口。

我們總是從太陽下山唱到天黑，再移動到隔壁的國小進行吉他的訓練。我唸的是中正高中；中正高中的大合刷是我見過最嚴格的學校，一行人有男有女，男生要筆直站、挺握好吉他刷著吉他弦，女生則是要正襟危坐刷著吉他弦，過程中誰都不能動，也不能看手上的吉他。每週都是這樣嚴謹的訓練。有一次的練習，我練到晚上十一點才到家，因為沒有事先告知，媽媽氣我這麼晚回家，就把我鎖在門外，當時我不理解也不開心。一直到現在，我才了解媽媽那時是因為擔心我，看我深夜未歸，根本無法安心入睡而產生的情緒，而我卻因對事情的固執己見，忽略了真正在意我的家人。現在回頭看，才發現，每一時期的成長過程都值得借鏡。

人生總是在一個個階段裡得到不同的啟發才能有所前進；我一直到高中時期，才真的能理解，原來「我的家庭與別人並沒有不同」這件事。在高中入學的時候，每個人都要填寫一張家庭狀況表，當時我雖然很想敞開心胸與新同學分享，但或許是從小的創傷還沒釋懷，總因沒有自信而卻步。但那時候，卻因同學的一句話：「幹嘛不敢給我看，我的朋

友很多人也跟你一樣呀！」哇，這句話如醍醐灌頂，我整個人豁然開朗！原來這個世界需要的是互相了解，而不是逕自地迴避隱藏。

人生的轉捩點

正當我以為人生的挑戰應該不會再有更多的時候，緊接而來的是升學問題。兩次的考試成績，都沒有進入我想要唸的法律系，考上的私立學校雖然也名列前茅，但我還是執意想唸法律系。回頭檢討自己，高中迷糊的生活都反映在這兩次的成績裡了。思量再三，我決定重考！

重考的生活，每天千篇一律，起床、吃飯、唸書、偶爾運動，日以繼夜的輪迴在寧靜的重考生活裡。正當我認為，這了無新意的重考生日子應該會是我最平凡的一個人生階段時，卻在一次的機車車禍裡，我又陷入了另一個困境。

「小姐，小姐！醒一醒！幫我感覺一下妳現在哪邊會疼痛！」

剛從昏迷中甦醒的我，舉起了右手。

天吶！我竟看到了哈利波特魁地奇比賽的場景，那個閃電型的標誌不是出現在哈利波特的額頭上，而是出現在我的右手大拇指上面……嚇得我當場又差點昏了過去。

「小姐，保持清醒，還有哪邊疼痛？」

我摸了我的右臉，一攤濕濕的血印在我的手上，我嚇得驚慌失措，卻沒有力氣再移動自己的身體。於是我被抬上了擔架，伴隨著救護車的聲音，我到了急診室接受治療。

「右手骨裂脫臼，右臉撕裂傷」，全身上下疼痛不已的我，在看到急忙趕至醫院的母親，一臉既生氣又心疼的臉龐，我這才意識到自己的莽撞，不僅在我身上留下了烙印，也在媽媽身上留下了許多傷痛。

另一方面，我很感謝這次的車禍經驗，它讓我學習到每一個事件的決策，不是衝動行事，而是要為後果再做多一點的思考，這也連帶影響我在從事金融保險業時，能為客戶多一些思考接下來會面臨的危險，甚至是困境，進而為客戶量身打造專屬於他們的保障內容。

一晃眼，進入了大學，我唸的是法律與政治的公共行政系，未來是有機會成為公務員、捧鐵飯碗的。在大學生活，見身邊的同學都熱衷活躍於社團活動，但或許是因為我在高中時期玩夠了社團，從大學開始，我便已經進入自給自足的生活型態，開始自己賺錢養活自己。我曾經同一時間做兩份兼職打工，一份是在補習班當老師教小朋友，一份是在大型補型班當招生的業務；其中這項業務工作，正是我人生裡很大的一個轉捩點。

我還記得第一天踏進這大型補習班辦公室的時候，看到裡面滿滿的人，人聲鼎沸的。每一個都坐在自己的位置上講電話，認真的解說課程給家長或學生聽。一開始，踏進這個工作場域時。也懷疑過自己：「我真的可以勝任嗎？」我是唸文組的耶，生性沒有過人的自信，越想越覺得這是一個我做不了的工作。

但為了能不再跟家裡伸手拿生活費，既然來了，只好硬著頭皮從頭開始學習。我花了好長的一段時間學習，從對業務工作的陌生、熟悉到真正上手，過程中不乏被家長掛電話，甚至被罵說：「妳是誰？為什麼有我家電話……」等等的不友善對待，但最終仍是克服了種種困難，業務工作正式上線。在此同時，也意外的發現：我竟然這麼擅長也喜歡「與人溝通」這件事。

俗話說：「時勢造英雄」，還真是有幾分道理。要不是當時被環境所逼，才有機會被這樣訓練，也才越來越了解自己的優勢。若是當時沒有敞開心胸面對一切，只是一味的恐懼、懷疑，甚至退卻，永遠不可能開花結果。

從這件事情之後，每遇到新的挑戰，我都會鼓勵自己：

「在沒有嘗試之前，千萬不要對自己說『不』，因為意想不到的驚喜總會在你全心投入之後出現。」

做自己的人生設計師

在補習班因為有了貴人的教導，我在補教業也闖出了一番成就。沒想到，又在一堂學校的人資課程上遇見了我現在志業的貴人—怡潔經理。

在離畢業尚有一年半的時間，我曾想過，出社會之後要做什麼？原本想要學以致用，去考公務員或是留在補習班繼續發展……這樣穩定的生活，應該是長輩們對孩子未來的期許吧！直到我去上了一堂人資課程之後，如當頭棒喝，原來我認為的未來，是可以用不同的角度去思考，可以有更多的可能性。以往我們單一思考都是學什麼就做什麼，或是選擇自己有興趣的工作，但經過這一堂課之後，我了解到：學習的路上會有不同的碰撞，會擦出不一樣的火花，人生亦如是。

當天怡潔經理來到學校代表傑出校友在台上分享人生經歷，我們這一群大學生就如同在校上課一樣，在台下「舒服得」做自己的事。我也不例外，我和同學們閒聊、八卦，討論等一下課後要去吃什麼，聊得不亦樂乎。正聊得愉快的當下，突然聽到怡潔經理說到保險產業如何改變她的人生，她又是怎麼從零開始……我被她的分享吸引了目光，我專注地聆聽，這時在台上的怡潔經理好像會發光似地，我目不轉睛的看著、聽著，瞬間猶如踏進了聖殿一般，被牆上的聖人壁

畫給 Catch 住，不管我走到哪裡，祂的聖光都不曾離開我視線所及之處。

課程結束後，我與怡潔經理私下也開啟了緣分。不論是交流人生點滴或是工作心得分享……尤其怡潔經理幫我做的工作適性測驗，分析我的性格以及和「人」的關係，妙語如珠、字字珠璣，一字一句都打動我的心，也讓我開始思考：「人生如果重新來過，會是什麼樣子？」尤其當時的我，正處在一個舒適圈裡。

通常一個人在一個環境待久了，一旦成為你的舒適圈之後，它就像龐貝古城一樣，當地人從來沒有想過要離開自己的家園。而當蘇維埃火山欲爆發時，發出的第一個警訊，願意改變的人，火速地踏出家園，遷移至別的地方，逃過死劫；而死守家園的人，或許有難言之隱，也或許像社會學家分析的，他們不想離開辛辛苦苦打拚起來的家園，而成為現代博物館的遺憾。

在學校從來沒有一門課程教我們如何「反思」。成功學大師史蒂芬・柯維曾經強調：「必須先設計人生、確認人生的目標，才能引領自己往成功的道路前進，這種『自我設計人生』的方式，正是成功者的習慣之一：以終為始。」

於是我開始思考，我的人生終點會是什麼？究竟我想要的是安穩的生活，還是能期待過上「講究的生活」？在算出

了自己要達成「期待的人生」並不容易後，我陷入了膠著狀態；膠著於社會觀感與自我挑戰，同時心裡出現很多聲音，最常出聲的就是：「我真的可以嗎？」這時在大學打工學習到的經驗，在我面臨選擇時，又被我拋諸腦後，我與大多數人一樣：人生字典裡，找不到「自信心」三個字。

開啟第二新人生

就這樣膠著的態度又過了一年，但我與怡潔經理的緣分並未減少，經理持續關心我的生活，持續帶領我了解金融保險業。當時的我，看著金融保險業這座大門，就像站在金字塔的面前一樣，它是如此的雄偉、龐大，難以撼動，如果沒有前人考古一一的開鑿，我們永遠不會知道在這未知的一扇門之後，竟藏著許多的寶藏以及智慧，值得我們研究與學習。

「隔行如隔山」，金融保險業這座山如同古埃及的國王谷，當你身處其中，會感受到自己的渺小，往往不得其門而入。不過，當有人帶領著你前進，你便會發現，原來，入口就近在咫尺，它的巧妙之處，等待你去挖掘。

想當然爾，我終於踏入了保險業這座殿堂，開啟了我的第二人生；我拋棄過去的思維，從零開始，不僅學習與人相處，更希望能讓我的人生更有意義，把爸爸熱心助人的精神

延續在自己的工作上，能使他的精神永在。而且，我相信，只要努力認真，應該不會再遇上什麼困難的吧？！

當我正認真的想要討戰自我，媽媽的擔心，卻成為我在這路上更快馬加鞭向前的動力；但欲速則不達，也讓我嚐到了第一次的失敗。「愛之深，責之切」這句話，在當時我一直無法理解，現在回頭想過，會不會當時我就像子路一般魯莽，相較於孔子性格的媽媽，她擔心我在這一路上受到委屈，會經不起挫折而一蹶不振，所以才會讓我如此感受到排山倒海而來的壓力。

也的確，一開始我就遇到許多挫折，包括歷經了朋友的不信任、名單的不足、懷疑自己的歷程等等。還記得有一位非常要好的朋友，給我寶貴的機會，請我幫忙檢視他的保單規劃……原本想藉著一己之力幫助及感謝這位重要的朋友，在順利地做完需求分析後，補強他對人生的期待，最後卻因為朋友家人的反對與不信任，停止了這次的計劃。當時尚年輕的我，面對這樣的挫折與難過，花了很長的時間才走過心理上的困境。

但這次的經驗，我一點都不後悔！它不僅成為我開拓職涯道路上的養份，也讓我知道如何尊重所有人的決定，只要我們認真付出無愧於他人，即使挫折如大石般的擋在我們面前，我們可以選擇花上幾年時間來敲碎它，或是轉念繞過它……只要信念堅定，前方定會是柳暗花明又一村的。

成為更好的人

故事寫到這裡，想必大家一定知道在任何工作裡會遇到的挫折，不能一言以蔽之，但直到現在我都記得前輩們常常跟我說的：「你用了多久的時間去消化你的挫折、消化你的難過，決定了你成功的速度。」這句話很抽象，至今我也一直在練習，也相信任何工作都一樣，都會遇到困難，都會需要時間去克服，那就放下一切繼續勇往直前吧！

有了這樣的精神與信念之後，讓我在金融保險業的這條路上越走越長，越走越有心得；我也不時會想到，如果當時我屈就於自己的沒自信、放棄挑戰自己，我的人生會是如何？雖然現在不能說是無憂無慮的生活，但是醒來的每一天，都很期待；期待著一天的冒險，在兩千三百萬人中，有沒有人等待著成為我生命的一部分。

固執的天性，得以讓我在這條路上堅持下去，堅持的面對每一個過程。至於媽媽的部分，也終於在努力之後，得到媽媽的部分認同，媽媽現在也會從旁給我許多建議與支持。最讓我感動的是，四年前我終於有能力回饋媽媽帶著她自由行踏上了法國、西班牙、英國的土地。能在三十歲前完成媽

媽的夢想，是驅使我更努力前進的原因，媽媽終其一生都在為我和弟弟努力奮鬥，我有能力可以完成她的夢想，感動溢於言表。

在那趟旅行中，看著媽媽好奇地在各個城市品嚐異國美食、欣賞各國的建築、融入各國的文化，我的心情更是雀躍。那一趟旅程，讓我感受到和媽媽之間情感的緊密，在完全陌生的城市裡，我們彼此更依賴，也更瞭解。

（和媽媽一同去旅行。）

HAPPY
PASAS

如果人生是一段旅程，最重要的或許不是去了哪裡，而是旅途上遇見了什麼人。感謝我的工作與一路上遇見的人，無論有沒有緣份繼續，能在彼此的生命裡相遇，足矣。

我的固執讓我有力量，讓我相信自己，而非別人的肯定。

賈伯斯曾說過：「你的時間有限，所以不要為別人而活，不要被教條所限，不要活在別人的觀念裡，不要讓別人的意見左右自己內心的聲音。」

在富邦的日子至今，能有團隊一起努力、一起快樂，即使經歷了爭執、磨合仍能拉著彼此的手一起向前走，我覺得自己很幸運也很幸福！

正在看書的你，無論在哪裡，請相信，生命本就是悲喜交織，只要努力走對的路，他日回首，你會發現一切的堅持都是值得的，因為它讓你成為一個更好的人！我們一起加油！！

作者／About／簡介

林俐秀

學歷

國立臺南護理專科學校 - 化妝品應用科畢業
長庚科技大學 - 化妝品應用系畢業

生長在經濟環境「從富到負」的單親家庭裡，一路看著媽媽辛苦賺錢養家，不服輸的個性告訴自己：「不要讓媽媽擔心，要成為家人的驕傲！」就學期間，便不斷地磨練自我，領多項的獎項、獎學金，一路順利的完成學業。直到入社會就業，才發現：現實與理想之間，原來有段那麼遙遠的差距。因此，我毅然決然的轉換跑道，選擇完全跟專長、興趣不相關的業務工作。短短兩年期間，幫媽媽還清近 200 萬的負債；最大的里程碑就是：完成媽媽從來都不敢想的出國心願。

9 輸在起跑點，贏在轉捩點

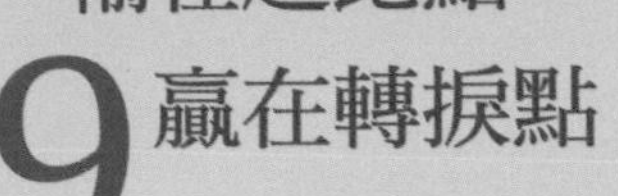

輸在起跑點，贏在轉捩點

由富轉負的顛沛人生

碰！碰碰！啪啦！啪啦～～又是一陣玻璃、容器扔擲摔在地上破碎的聲音～～

如常的某一天，平時感情極好的父母親，突然互相嘶吼、互摔東西並扭打在一起……當時的我才國小三年級，趕緊抱起被突如其來的咆哮聲嚇醒哭鬧剛出生的弟弟。眼裡的最後一幕是：看著媽媽大哭著跑離開家裡，但我卻驚嚇得哭不出來，只有心裡滿滿地恐懼。看著懷裡的弟弟一直哭，一直哭……剎那間，我意識到弟弟好像只剩下我了。

有好幾天，媽媽都沒有回家。媽媽不在家的日子，爸爸每天板著一張臉，對我跟弟弟不聞不問，才國小三年級的我，只好兼起母親的角色，幫剛出生不到半年、還軟軟嫩嫩的嬰兒弟弟洗澡、穿衣服、哄睡、換尿布……打理弟弟所有的一切。

我家裡是開早餐店的，爸媽白手起家，每天大約清晨四五點太陽還沒升起時，隱約就會聽到爸媽起床準備開店的各項事宜；也因為家裡做生意太忙，我和姊姊自小就分隔南北兩地居住，在其他的小孩子們一起玩著老鷹抓小雞的成長年代，我卻是一個人玩著遙控直升機、電動遊樂器長大。從小我就衣食無缺，生活是寬裕的，但爸媽並未因此而慣養，反而從小就灌輸我：「吃得苦中苦，方為人上人」、「施比受更有福」等等的正向觀念。

爸媽爭吵的幾個月之後，有一天，媽媽突然回來了，當我看到媽媽現身在家門口的那一剎那，彷若看見一道光，瞬間覺得又充滿了希望。沒想到，媽媽進家門後，匆匆忙忙的幫我跟弟弟整理了簡單的行李，便帶我們離開了家。自此，我的人生從原本的幸福小康，走入了靠社會救助長大並不停搬家的單親生活；光是小學，我就轉學了三次。其中印象最深刻的就是在國小五年級時，我跟姊姊被送往台東的阿姨家，跟阿姨一起生活。

在台東短短一半年的時間，對從小住在市區的我來說是很特別的體驗，例如：我住的地方是許多雜草叢生之處、有好多小動物，甚至昆蟲都比人多……這些都是我在台南從未看過的景象；但，我也在這段時間裡，因截然不同的生活，收穫許多。

「走！這堂課老師帶大家一起去社區服務，大家一人去拿一支竹掃把。」

在台東這裡，因為班級人數少的關係，老師不僅可以照顧到每一位學生，課程安排也很彈性。這一次的社區服務，對我來說也是新的體驗，在那裡，我看見了許多比我家境生活更辛苦的人，但他們看起來感覺都是開心又滿足的。還有一次的校外教學是：「了解製米過程、體驗農夫插秧」。這主題對小學生的我來說，真是新奇極了！冰冰涼涼的秧田，當踩下去時，腳就像踩進沼澤般地會往下陷入，每踩一步，就要用力地把另一隻腳抬起來。然後我們小心翼翼地捧著一盆秧苗，彎著腰，一株一株細心地往秧田插入，以前在課本裡常看見的「粒粒皆辛苦」，沒想到，竟然能親自體驗！若我沒有因為家庭的變故轉學到台東，也許這一輩子都不會有這樣的機會呢。在這裡，埋下了我不浪費資源、感恩知足、將心比心的種子。

少小逃家記

在台東生活的這段時期，我和姐姐的心理都面臨很大的衝擊！我們常被規範及被迫去適應某些事，長時間下來，引發的心裡自卑感愈來愈強烈。正值青春叛逆期的我們，極欲想逃脫這種不適感，於是在小六的時候，我和姐姐策劃了一場「逃家記」。

台東的家位於半山腰，走路要 40 ～ 50 分的路程才能到台九線；一路上都沒有路燈，道路兩旁都是玉米田、甘蔗田。執行計劃的那個夜晚，窗外下著毛毛雨，我跟姊姊熬夜至凌晨三四點，趁著家人都熟睡之際，我們撐著傘，拿著手電筒，便勇往直前的往山下走。沿路非常的漆黑，而且因為下雨，路上有非常多的生物：蟾蜍、蚯蚓、飛蟻等都跑出來了，我還一個不小心差點踩到在路中央貪玩的蟾蜍，讓我一路都心驚膽跳的。

這一回的逃家記，最終以失敗收場；我們還是被家人發現，被找回家了。

我們本是串通了住在台南的阿姨，想逃至她家，但台南阿姨太緊張，於是告訴了台東阿姨我們的計劃，同時也把我們會逃家的原因一一告訴了台東阿姨，並請阿姨一定要正視我們姐妹倆的狀況；其實我們是需要被聆聽的、我們想要有自己的發展空間、有自己想做的事。

精神分析師認為：「一個人的早期生活經歷，會在很大程度上深刻影響這個人的將來；也就是說，小時候的經歷決定成人後我們的性格。」感覺好像真是如此。現在回頭想想，其實很佩服年幼的自己，有勇氣、有傻勁，我想這也是我現在比較敢表達自己的想法、勇於嘗試任何新事物的起源吧！出社會之後，時時都在面臨選擇，每當徘徊不前、遇到挫折的時候，我就會回想那個最初勇敢的自己，就會冒出更多的勇氣。

你呢？還記得小時候的自己嗎？曾經年幼的你，是受傷、勇敢，還是開朗、自卑？不論是什麼樣貌，把年幼的自己喚回來，好好地跟他（她）和解、學習吧！我一直相信：上帝關起了你的一扇門，定會幫你開啟另一扇窗。若是一直執著於被關起來的那扇門，就沒辦法看到另一扇窗的美好。如同看似單親家庭好像很不幸，但回想起以前在台東的日子，處處充滿新的驚奇與探險；也因為經濟、家庭問題被迫與母親分離，讓我從小就有認知：未來女生經濟一定要能獨立自主，才能擁有屬於自己的選擇權。

少年十五二十時

國中階段，是我另一段的人生黑暗期，被同學霸凌、排擠的事件，竟也發生在我的身上！那段時期，我常常跟自己對話：「我到底哪裡做錯了？為什麼原本的好朋友突然都不跟我講話了，還對我冷言冷語！」同學們明顯的都刻意疏離我、避開我……我難過的每天都不想去上學。當時媽媽忙於工作、賺錢養家，我也不敢跟家人說，不想造成媽媽的負擔，所有的不開心只能往心裡藏。

還好，當時的老師發現我愈來愈封閉，在了解了我的痛苦與心事之後，不斷地在一旁開導我、支持我。

「不可能讓每一個人都喜歡你！」「檢視自己，本質是好的，只要不做出傷害別人的事，就不需要在太意別人對你的看法。」感謝老師一直的鼓勵。當我終於能克服這些障礙之後，我選擇原諒曾經傷害我的那些同學。原本排擠我的人，最後竟然都成為我的好朋友，友誼一直維持到現在；相對的，在他們身上我也學習到很多，謝謝這些好友們，讓我能轉念，能擁有不一樣的思維。

五專我讀的是化妝品應用科，顧名思義，就是跟「美」有關的科系，時常要手作很多作品。當時在我的心裡就萌生了一些想法：「不要讓自己輸在起跑點」、「要好好的讀書，

未來就可以找到好的工作，就可以過上好的生活」……可能是因為先天的家庭背景，讓我總是有低人一等的想法，我想改變未來的家境，不想讓自己再輸在起跑點上；加上，媽媽又時常提醒我：「吃得苦中苦，方為人上人」，這些都是我在五專的學涯裡成長的動力。課堂上的作品我用盡心力完成，也積極的去參與校內外各大小比賽，都不知到底熬過了多少個夜晚。感謝當時的恩師，願意栽培我，教我很多製作頭飾、飾品的技巧以及化妝技術的再精進，讓我在學生時期積累了不少漂亮的成績單，也因此讓我原本自卑的心理轉變得更有自信，對自我的能力也更加提升與肯定。

（五專時期化妝品系的畢業成果展角色）

媽媽是世界上最偉大的存在

慶幸在學校有許多相關比賽以及社團經驗，讓我順利的北漂進入職場。

第一次在台北租屋，小小的一間但五臟俱全的房子，卻花了我當時四分之一的薪水；而且因空間狹小，回到家完全沒有放鬆的感覺。有一天晚上，在下班回家的路上，電話響了，是遠在家鄉的媽媽打來的電話。

「秀秀，你那邊有沒有三萬元可以先借媽媽渡過難關？」

短短的一句話，瞬間打破媽媽在我心裡一直以來非常堅強，從不讓人操心的形象；第一次感受到她的無助徬徨。

剛出社會半年的我，接到這通電話，先是驚訝後是焦慮。拿起身旁的存摺，不多不少、剛好只剩三萬元！我這才意識到：母親這幾年自己一個人扛下沉重的家計，才能讓我們三個姐弟順利平安長大，但在我們成長茁壯的同時，她也漸漸老去。

在學時期，媽媽每天早出晚歸的工作賺錢，但她對自己卻非常節儉，看到喜歡的漂亮衣服、褲子都捨不得買，即使衣服褲子破了，也是一縫再補；但不論我們想買什麼、想吃什麼，媽媽都二話不說地拿錢給我們。平時因為工作繁忙，很少和媽媽講話聊天。有一次，趁媽媽睡前，我問她：「我和姐姐在台東的日子，妳都在做些什麼？」

媽媽眼泛淚光說：「當初選擇把妳們送去台東給阿姨照顧，也是逼不得已！當時口袋裡的錢，連一碗陽春麵都買不起，現在有了一點經濟能力之後，才敢把妳們接回來一起住！但又不想讓你們過苦日子，所以，我自己可以省一點、苦一點，沒關係。」

原本心裡對媽媽有很多不諒解的我們，在知道了實情之後，很想放聲大哭，但我忍住了，因為不想讓媽媽擔心，一如媽媽總是笑臉迎人的面對每一件事，不讓我們擔心一樣。媽媽常跟我們說：「施比受更有福」，她很慶幸現在有能力可以賺錢養家，未來能有更多的力量幫助其他人。有一次，我偷看到她的手機備忘錄裡打著一行字：「成為有錢人，幫助更多人！」當時的我們，還正領著社會救助金過日子呢！但這句話至今一直烙印在我的心裡，期許自己未來也能夠成為有能力回饋社會的人。

（幼年時期／由左至右：我、媽媽、姐姐。）

列出人生計劃表

有能力替母親分擔壓力，對我來說是一件非常大的喜悅；伴隨著分擔家計的同時，我也感受到這壓力是非常沉重且巨大的。

開始想要分擔媽媽龐大的家計之後，我發現每個月的薪水就會一直歸零，這個歸零可能會持續 20 年，甚至更長的時間。這時，心中的天使與惡魔開始各自表述：

天使：「世上只有媽媽好，辛苦把我養大才有今天的我，幫她一起承擔，未來一起過好日子吧！媽媽也是因為要養你們才會有這麼多龐大的負債呀！分擔是應該的。」

惡魔：「當然不要給媽媽！你看你這樣辛苦賺的錢都沒有了，而且 20 年下來，每個都是月光族，也不是花在妳自己的身上，何必這麼辛苦！？ 40 幾歲還是月光族，妳未來的人生怎麼辦？當然要為了自己。」

天使與惡魔不斷地在心裡拉鋸著，這進退兩難的選擇題，讓我陷入人生低潮。

當時的我才 22 歲，我開始問自己：「我到底想要什麼樣的人生？ 30 歲的我，想過著什麼樣的生活？」

我拿出紙筆，列出我想要的人生樣貌：

1. 生活費：一個月最基本的生活開銷，加上偶爾想給自己「想花就花」不用在意的費用。

2. 出國旅遊：一年想出國幾次、平均一趟的旅費，把它換算成每個月的金額。

3. 購車：不含車貸的話，每個月的加油費、保險費、牌照燃料稅、維修費、停車費等。

4. 育兒：小孩子每月花費。

5. 房子：每月的租屋費或是房貸費用。

6. 孝養金：需要給家庭或是長輩的孝養金。

7. 退休金：即使沒有房貸、車貸及養孩子的壓力，當沒有收入來源時，一個月要花多少才能讓我溫飽或是到處旅遊的費用。

8. 保險費：當疾病或意外來臨時，不用花到自己辛苦存下來的錢，通常為薪水的 10%。

明細和數字列好、打完計算機之後，我發現：如果要幫助家裡的同時又想要有自己未來的生活品質，在我原本醫美診所美容師的產業裡，即使隨著年資增加、薪水調漲，十年後也沒辦法達成。基於現實的考量，我毅然決然地告訴自己，要立即轉換不同的產業別，要做業務相關性質的工作，才有機會讓收入能夠大幅成長，與理想中的生活更近一步。

當別人生命中的天使

我是個很重視朋友的人，也樂於幫助別人。從小就耳聞做保險業會沒有朋友，因為保險就是要推銷商品給別人，會讓人感受很差！對於「會沒有朋友」這件事，也是我一直很排斥保險業的原因。

後來我發現：大多數人討厭保險或對保險的印象不好，皆是因曾被業務員不當的推銷、強迫購買。但業務員的樣貌是可以自己決定的，只要我有別於其他保險業務員，就不怕被貼標籤。於是，我毅然決然地進入保險業，希望我身邊愛我、我愛的人都可以正確的認識保險，並協助他們認識自己的需求，對於擔心的事，可以用相對應的保險規劃來解決。這就是我一直以來的初衷，希望改變大家固有對保險業務員的不良觀感，我要當別人生命中的天使，手心向下，讓每個人都能在成長的過程中，不用擔心風險的來臨，造成家庭的經濟負擔，還能讓他們有一筆錢可以好好的休養。

剛入行簽下的第一份保單，最令我印象深刻。她是一個很挺我、非常有義氣的學姊，直接就給了我服務的機會。在我入行的第二年，那時候剛過完年，她打電話給我。我當時很開心的接起電話，卻發現電話那頭的學姊口氣異常的焦慮。

「秀秀，我的保險有什麼內容？」聽到這句話，直覺不太對勁。

「學姊！怎麼了！怎麼突然問起保險？是發生什麼事，我馬上幫你查詢。」

「每年我都會定期做健康檢查，這次突然檢查出乳癌，還好有提早發現，最近要安排時間去醫院做相關的手術治療。」

人生簽的第一份保單，也是我第一個理賠，就是癌症。

一路陪伴著學姊從發現癌症到手術康復並完成每一次的化療過程，學姊的不適感、生病的痛苦、憂愁，一切我都看在眼裡。

「秀秀，我收到理賠了耶！雖然說生病不是件開心的事，可是看到有錢進來，不僅覺得有些安慰，也很踏實。因為妳的幫助我才有這樣的保障，我是一個非常鐵齒的人，這回真的感受到，好險有買保險。妳真的要好好的幫每一個客戶規劃保障啊！」

看到學姐的訊息，再回想整件事，讓我更深刻的認同：好險我提早進入了保險業，在我身邊最重要的家人、朋友遇到事情時，有能力可以解決他們最擔心的經濟及無法工作的壓力；也因為這個事件，讓我發現：風險是不挑人的，是突如其來預想不到的……這都讓我更有動力，也更勤奮的跑在每一個朋友風險還沒來臨之前，讓他們提早認識保險、幫他們檢視舊有的保障能不能解決他們的擔憂……

就這樣，四年以來，我堅持著助人的初衷，立志要當別人生命中的天使，即使時常忙到三更半夜，甚至連假日都在為客戶量身訂造個人化的風險規劃、投資理財計劃，讓我連續三年拿下非常不容易拿到的「百萬圓桌國際獎項 MDRT」、「國際傑出業務銅龍獎 IDA」，以及公司有兩萬多名的業務，只有 677 人拿到的「業務品質獎 AQC」……這些都是用心服務客戶的獲勝指標；更感動的是：入行的第三年，我不僅幫媽媽還清了近兩百萬的債務，還帶著媽媽參加公司的國外獎勵旅遊，到土耳其去玩。還記得剛下飛機到了土耳其，媽媽開心地說：「我從來沒想過我這輩子能出國到這麼遠的地方玩。」聽著媽媽講這段話，我能滿滿的感受她全身上下都充滿著喜悅。

成功的速度，要快過父母老化的速度！

當準備遇上機會，就是幸運的開始！

雖然出身的家庭背景不是非常的亮眼，但我很感謝自己勇敢地跳脫了原有的舒適圈，挑戰沒有底薪的業務工作；也很感謝一路培訓我的學長姐們、信任我的朋友客戶們。現在的你，或許未必是進入理想的工作或科系，但千萬不要怕輸在起跑點，只要轉個方向，保持積極的態度，一樣也能為自己創造勝利轉捩點，贏得翻轉人生的機會。我可以，你一定也行！

（和媽媽一起出遊土耳其。）

走向光明人生

10

作者／
About
簡介

游美芳

中華科技大學機械系畢業。
因想學習理財，加上住院時才發現保險的重要，故而進入投身保險業。
在保險業資歷 15 年，累積服務超過 800 位客戶，管理總資產超過 5 千萬，協助客戶處理長照失能、身故、車禍等理賠，累積經手理賠金額超過 5 千萬以上！
在人生低潮時，接觸佛法禪修，學佛後開創另一番保險新事業。

走向光明人生

人生因佛法而豁然開朗

論語說：四十不惑。

40 歲算是人生的中間點，已經工作數年有許多社會歷練，經一事長一智，即將邁入 40 歲的我，應該要有足夠智慧去應對人生中所遇到的困難及境界。

很開心自己在 31 歲時能接觸到佛法，可以親近道場。回想當時初初學佛的我，正處於人生低潮期，連平常樂觀的我，都有不如歸去的念頭。同事看我悶悶不樂，於是開口跟我介紹他在學佛禪修的心得。當時，只是抱著「就去聽聽看」的想法。

我第一次走進精舍，第一次聽師父上課，師父說：「煩惱都是自己想來的。想過去，過去已經過去也回不來；想未來，未來還沒到，想也是多想，要練習專注當下。當您發現在想過去、想未來時，就要告訴自己斷念、不要再胡思亂想、要專注當下……」本來在上禪修課之前，我已經失眠了一兩個月，也很害怕睡眠不足、免疫力下降而會得皮蛇！沒想到，在第一次上完禪修課之後，晚上竟然不到半小時就可以入睡，這讓我對禪修課十分有信心。隔週，一到了上課時間，自然就去精舍報到學習佛法。

一開始只是上禪修課聽師父開示，有點像是聽講座的感覺，而師父分享的歷史故事、佛法故事，大多都是以往沒聽過的，有很多做人處世的智慧，其實古人早就有說明了，加上師父的解說，練習轉念，當內心起了惡念時，要告訴自己要起善念，進而達到無念，久而久之看待事情就更正向積極；讓自己的思維更多元，看待事情的面向也會更廣，當事情做完就會放下，不會一直糾結或是胡思亂想。

外在的世界其實就是內心的反射，當我們看別人不好時，其實是我們內心戴著有色眼鏡在看別人，才會覺得事事不順心、不如意。我想人之所以會煩惱、會痛苦、會想不開，完全是被自己的思維、想法限制住了！當遇到不如自己預期時就會不開心、不快樂！我想這也是為什麼現在很多人有憂

鬱、焦慮、失眠……文明病的原因！禪修課中也有學習靜坐，經由師父的專業教學，讓自己紛亂的心透過靜坐能學習專注當下、不胡思亂想，工作效率也能提升；連睡眠品質也比以往更好！

禪修課中，師父教導我們人生必經的生、老、病、死、苦，這些身體的苦以及心裡的求不得苦、愛別離苦、怨憎會苦、五陰熾盛苦，反覆提醒著我們，生活當中可能會遇到的不如意，所以要積極看待事物，做事全力以赴，努力後不執著事情的成敗。上禪修課之後讓我的想法更多元，也更能接納別人不同的意見，心胸開闊，煩惱自然減少，也印證了師父說的，學佛會讓人生從黑暗走向光明，從光明走向更光明。

有願必成

上禪修課這些年，我從不願意做師父交代的每天誦經、打坐，到試著去做、進而得到好處之後，願意每天做，甚至介紹身邊的朋友一起來學習佛法……這當中的獲益，很難用三言兩語來說明。不過還是想簡單聊聊這些日子我的改變。

師父交代我們每天要誦經、打坐，一開始我誦經時，即便是寒流來襲，我都還會全身發汗，覺得身體很燥熱；加上經典的文字很多，常因此讓我不想念誦。後來在與師兄們的

交流之下，才知道，其實只要常常誦經，習慣之後就會愈來愈熟悉和順暢，也可以縮短誦經的時間。於是，我便下定決心，每天要花 40 分鐘來誦經。

大約一週之後，原本誦經時的煩燥感減少許多，而且專注力也比以前更好。接著師父鼓勵我們背經。我看了一下背經卡，也沒多想，便內心默默發願：要在三年內，把背經卡上面的經典都背下來。有了這個願望，只要我下班一有空閒，就手持經典不斷念誦；念久了也背起來了。結果不到兩年時間，就把背經卡上的 10 多部經典全部都背起來了！這事情讓我學習到，有願必成，有願才有動力；而這個願，也可以把它當成目標，人生要有目標才有動力前行。

套用在現實生活中，很多事情也是如此。在一開始時，我們可能因為不了解，便下意識的自我設限：覺得它很難，便止步不前、不願意去改變。可一旦下定決心，在調整自己的思維、作法之後，反而可以得到更多的東西，真的是印證了一句話：**「你想要的生活在你不想的改變裡」！**

師父常說：「掃地，掃地，掃心地。」鼓勵我們去當義工。在當義工時，學習到做事、清潔打掃的技巧，不管是擦玻璃、刷洗洗手間、拖地，師父教導我們更能快速有效率的清潔方式。在學習著打掃外在環境的同時，也讓內心清淨；感恩其他人也是這樣付出，給我們更乾淨、舒適的環境。除此之外，

還學習煮飯、洗碗；在煮飯區每餐煮千人的飯，與大眾結緣，享受只管付出、不求回報的感覺，不止心靈收穫滿滿，自己也真的很開心！

這幾年過年期間，我都選擇到禪寺裡打禪七。在八天七夜裡，不聊天、不使用手機、不看書報，每天只做吃飯、打坐、休息等等這些維持生命的事情。不管其他世俗的事。這樣沉澱自己內心，學習與自己獨處、和自己對話，享受內心沉靜的好處，亦讓疲憊了一年的身心，可以在過年期間好好休息，檢視自己想要的是什麼？有什麼做得好的？可以持續保持；有什麼做不好的？可以調整之後再出發！在禪七過程中，與好幾百人一起生活起居，互相包容大家生活習慣的不同，也讓自己心量更大、更能包容別人的不同。一直覺得禪七是一個很好的心靈充電站，每次打完禪七回來，總是可以能量滿滿的去應對生活上的挑戰及困難！

佛學在生活中實踐

前幾年也有幸參加精舍的醫療、護理、長照相關的培訓課程，學習急救知識之外，也學習安寧之母—趙可式老師的安寧照護、四道人生，銀髮族運動、飲食，失智長者照護及復建課程設計等等，這方面不止可以運用在我的工作上，當

身邊客戶有長照需求時，還可以提供更多專業的資訊，也可以教導身邊的朋友注重健康！同時，在身邊親友面對生老病死時，亦能更從容、更安定的去面對，知道如何安撫病患、亡者家屬的心，受益無窮！

前年底，介紹我去學佛上禪修課的好同事，她的先生在睡夢中往生，同事請我幫忙告別式、入塔的攝影及其他雜事。

中場休息時，同事問我:「來參加告別式會不會有忌諱？」

我說：「不會啊！我覺得這是一個很好的經驗，在師父誦經、封棺法會時，我就想像我自己躺在棺木裡，別人幫我辦告別式的感覺；更珍惜能活著真好！要把握時間做更多自己想做的事。很謝謝妳給我這個機會可以見習！」

沒想到半年後，大哥無預警猝死。當天媽媽想，怎麼大哥還沒起床去上班？到房間叫大哥時，才發現大哥已經身體僵硬死亡多時。媽媽內心很慌亂，我請媽媽先打電話請警消來處理，接著再請禮儀公司將大哥大體移至殯儀館之後，和媽媽討論要怎麼辦理大哥後事；同時也安慰媽媽，哥哥往生已是既定事實，難過必然，但這些對大哥是沒有幫助的。而且，在傳統的禮俗上，長輩是不能祭拜晚輩的。所以我和媽媽說，可以的話，我們就幫大哥誦經回向給他往生極樂世界！讓媽媽把心靠在佛法上，她內心方能安定，身為佛弟子的我，當然也希望大哥能用佛教儀式辦理告別式，把哥哥的塔位及牌位放在禪寺裡，與師父每日早晚誦經用功！雖然在這過程中與家人想法不同，有一些爭執及不愉快，但最終都能圓滿落幕！大哥往生半年多，我看媽媽很正面看待大哥往生這件事，沒有過多的悲傷，也養成了誦經的習慣，慶幸前幾年能走入精舍學佛，遇到不如意的事可以用正向積極的態度來面對，也能開導媽媽走出喪子之痛。

佛法與保險的本質

人的一年當中會遇到太多煩心的事，錢不夠用、他不愛我、老闆專找我麻煩、身體病痛……而佛法就是最好的預防針、強心劑。在這些內心煩惱還沒產生之前，先幫自己的心打一劑強心針，讓自己能更坦然、更從容的看待人世間的一切事物；凡事只要能與佛法相應，心靈便會破迷開悟、離苦得樂！

佛法當中講的是生老病死苦，而從事保險業工作的我，也都是在處理客

戶的生老病死。在風險尚未發生之前，提醒客戶要投保保險來保障自己及家人，這是我的工作；而佛法則是在逆境、不如意還沒發生時，先強化我們的思維、跳脫出以往的想法，才不會有太多負面情緒及不開心，所以我覺得佛法和保險兩者都是做「事前的預防」，本質上是十分相似的。

當初會進入保險業，是因為有一次自己住院時，才發現原來我的保險並不是全部都可以理賠，還好我還是有一張保單，不止幫我全部付掉醫藥費，還多拿了一些理賠金，可以讓我在出院後安心休養，不用擔心因工作請假、沒有收入，而影響本來的生活。那時候才發覺，原來保險的學問這麼多！

在當時，我就希望能透過自己的專業來幫助更多人了解自己的保單有什麼保險內容，才不會發生和我一樣的狀況，雖然買了保險，但真的要用的時候，才發現根本沒辦法用或是不夠用！另外，我也發現保險業還可以學習投資理財，這也是讀工科的我以前在求學階段沒有學習到的知識，畢竟人靠勞力賺得的錢有限，還是要靠投資理財將自己的資產放大；而且在保險業，收入是自己決定，多做多得，不需要主管、老闆來定義我的收入、我的價值！保險是一個可以自由發揮的舞台，我很喜歡！於是，投身保險業。

印象很深刻的是在剛做保險時，我自己的大學同學因為心律不整往生了，參加他告別式時，同學媽媽傷心欲絕，我當下也很難過，我告訴自己要更認真的推廣保險，希望每個人都能擁有適合自己的保險保障，萬一出事時，家中經濟不但不會受到影響，家人的日子也能和往常一樣！

在學習佛法之前，我其實不是一個很有耐性的人，對於客戶提出的一些保險問題，總是覺得很心煩，沒有耐心處理客戶這些瑣碎的事；甚至有時候同樣的話和客戶講了很多次，客戶還是不太能理解時，我更是心煩氣燥！但學佛之後，反而想通了，若是客戶什麼都會，就自己處理這些事就好，何必還要跟我買保險呢？換位思考，讓我在服務客戶的過程中，變得更有耐心，也把遇到的困難當做是一個學習的機會。沒想到，業績反而蒸蒸日上！這些種種實際的生活體驗，更讓我學習到，面對生活上遇到的任何課題，能以更樂觀、積極的心態去看清事情的本質，減少消極心態，不讓負面情緒消耗自己的正能量！

保險的功能與價值

為了能讓自己的保險知識更多面向也更完備，這些年付費上課，學習勞保給付、失能申請，就是希望能提供客戶更專業的服務。在協助客戶辦理幾件失能長照的理賠，其中有一個案例令我印象最為深刻：客戶幫我介紹他們失智症協會中的一個病友家庭，先生失智後需要人照顧，以前家裡有些保單，希望我能幫她匯整。

整理好她的保單之後，和客戶見面吃飯，雖然彼此是第一次見面，卻奇妙地像是許久未見的老朋友一樣，相談甚歡，也將她的保單內容做了詳細的解說。後來她竟然拿出兩本保單，是之前沒有給我看過的，她說這是她這輩子做的最後悔的一件事：就是把壽險保單辦減額，下面附加的失能險一併被保險公司解約。沒想到一個月後，她先生就確診失智了；她也知道失能險是可以理賠她先生失智的狀況！我聽她說明這過程，我就開始翻保單條款，我發現：條款上並沒有寫辦理減額後，附加的失能險就要被解約。於是我建議客戶向保險公司爭取恢復保單效力。

客戶說：「之前已經有爭取過數次，也問過不少業務人員，他們都說是不可能恢復保單效力的。」

我說：「但按條款來說，保險公司私自把你們附加的失能險解約，這就有很大的爭議。」

最終在我們不斷用條款和保險公司周旋許久，我們用條款戰勝了保險公司；保險公司同意讓客戶補繳這幾年未繳的保費並且恢復保單效力。客戶十分感謝我，還說這是她收到最棒的生日禮物！之後協助客戶順利取得失能理賠，客戶把第一次的理賠金也捐款一部份回饋社會；爾後每年申請的保險理賠金，就是她拿來幫先生請外勞的費用。有了保險給付可以讓她的經濟不受到影響，她真的很開心！

保險不能改變我們的生活，但有保險可以讓我們的生活不被改變，我想這也就是保險的意義功能與價值！

最後，我想和有緣的你，分享我在學佛後，對「嬴」的看法。每個人的人生都想要「嬴」，想要嬴的五要件：

第一個「亡」字，就是要有無常的觀念、危機意識；過去好不代表現在好，現在好也不代表未來好，所以要常常思維無常。

第二個是「口」字，要守住口，避免四口過，不兩舌、不惡口、不妄語、不綺語！兩舌就是東家長西家短的，說別人的是非，這樣也往往容易讓自己陷入是非之中；惡口就是罵人的話，罵人自然會讓別人不開心，容易有爭執；妄語就是誇大不實的話，如果常常講話不實在，說話不容易取得別

人的信任；綺語就是言不及義，講笑話、廢話。如果能避免這四種語言上的過失，人生自然順遂。俗話說，兩年學講話，一輩子學習閉嘴，說話是一門學問也是一種藝術，講和合語、誠實語、柔軟語，學習說話攝受人心，也很重要。

第三個是「月」字，積年累月的精進不懈怠才有可能贏到終點。

第四個是「貝」字，即是金錢、錢財，佛法中有提到正命，找的工作要符合世間的法律，也不要違背因果的工作。

最後一個是「凡」字，亦是指平常心、當下的心，立定目標、專注一致，努力向前，終究會達成贏的光明人生。

祝福你～～

Win 020

勇氣X選擇，人生自由加速器：

做保險不是我們的志願，但我們因保險加速贏得自由人生

富邦人壽富登團隊業務 Top 9，勇敢跨出舒適圈，堅持相信自己的選擇，進而翻轉人生！

作　　者　陳怡潔、鄭至凱、蔡佩蓉、林艾樺、廖明珠、劉祥洲、王浥芸、林俐秀、游美芳◎合著
顧　　問　曾文旭
出版總監　陳逸祺、耿文國
主　　編　陳蕙芳
執行編輯　翁芯俐
封面設計　陳逸祺
內文排版　李依靜
法律顧問　北辰著作權事務所

印　　製　世和印製企業有限公司
初　　版　2022年08月
初版二刷　2022年10月
出　　版　凱信企業集團-凱信企業管理顧問有限公司
電　　話　（02）2773-6566
傳　　真　（02）2778-1033
地　　址　106 台北市大安區忠孝東路四段218之4號12樓
信　　箱　kaihsinbooks@gmail.com

定　　價　新台幣360元／港幣120元
產品內容　1書

總 經 銷　采舍國際有限公司
地　　址　235新北市中和區中山路二段366巷10號3樓
電　　話　（02）8245-8786
傳　　真　（02）8245-8718

國家圖書館出版品預行編目資料

勇氣X選擇，人生自由加速器：做保險不是我們的志願，但我們因保險加速贏得自由人生／陳怡潔、鄭至凱、蔡佩蓉、林艾樺、廖明珠、劉祥洲、王浥芸、林俐秀、游美芳◎合著. -- 初版. -- 臺北市：凱信企業集團凱信企業管理顧問有限公司, 2022.08
面；　公分
ISBN 978-626-7097-14-4(平裝)
1.CST: 推銷員 2.CST: 臺灣傳記
783.32　　111004824

本書如有缺頁、破損或倒裝，
請寄回凱信企管更換。
106 台北市大安區忠孝東路四段218之4號12樓
編輯部收

凱信企管

用對的方法充實自己，
讓人生變得更美好！